你不知道的，夢都知道

安靜 著

自序

站在巨人肩上看風景

審稿的時候，方發覺原來自己這一本書寫了很多關於死亡的故事。很多個案的主角，都遇上不同形式的死亡。親人或愛人離世、自己在夢中變成鬼、預知大廈有人輕生、在夢中自己想殺死自己等；也呈現出這兩年左右，死亡的氣息總是籠罩着很多人們。

我真的不喜歡寫太殘酷的故事，縱使書中多談及死亡，也刻意避免只談論絕望與悲傷，反而更聚焦於溫情與成長，希望帶給人們多點希望，在黑暗中看見曙光。

這本書，也在不同的篇幅中提及命運、業力與人能掌控命運的能力。

透過書中的故事，我們探討究竟夢和潛意識能否呈現出一個人的命運？命運，是可以逆轉的嗎？還是不可逆轉的呢？

當更深入地了解潛意識和夢，我越來越明白到，為何在不同的宗教或神秘學中，夢境的修煉都不約而同被視為一種高階的密法。我總是覺得很幸運，活在這一個資訊發達的年代，能夠讓我們輕易地接觸到以前人們無法接觸與交流的資訊。在我自身的學習過程中，除了心理學的大師們如榮格、佛洛伊德等之外，古今中外大量的書籍、文獻和作品都給了我不同的啟發及領悟。

正所謂「我們都不過是站在巨人的肩上看風景而已」，因為前人的努力、累積的成果，此刻我才能夠以一位心理輔導及治療師、作家的身份，和大家分享一個個撼動人心的生命故事。

從夢中，看見真正的自己

當我在捷克經歷過生死之後，曾經那麼抑鬱與不快樂的我、總是為人生的際遇而感到苦惱的我，竟然漸漸地，轉化與療癒成現在這一個比較淡然、喜悅、簡單的自己。這些年來，最影響我的人生哲學，就是

「隨遇而安」。這四個字現在想起來，也許是我內心一種很特別的本性，因為在我的得獎小說《愛在燈火熄滅時》，故事中的女主角，就是這一種個性。

然而，日子久了，當我對潛意識了解日深，我卻越來越感覺到「隨遇而安」、「隨順而行」並不只是隨着際遇而行、不驚不怖不畏地前進，而是有很深的一份人生智慧、生命之道。

本書故事的一個大主題，是「失去」。很多人以為死亡、失戀等帶來的是離開，但其實令人有感受的是「失去」，令人痛苦的也是「失去」。離開一個地方、一個人、一段感情，就像從一個街口走到另一個街口，只是「路過」，路過的隨遇而安，和「失去」的隨遇而安，那是兩個世界的事。有些人對某些人事物的離開，只如過客，因此不痛不癢；但有些人，卻是沉重地失去了整個世界，或某部分的自己，才會痛不欲生或難以抽身。又或，在潛意識深處，忠於某段感情、某個人、某些愧疚而不自知。

「路過」，我們並沒有很特別的感覺，但當我們開始感到「失去」了，才會覺得痛。也因此，面對「執念」、「執著」、「怨念」、「痛苦」、「煩惱」等萬千辛苦；「放下」、「放棄」、「放手」、「捨棄」等等，才成為了千萬人的心靈雞湯和靈藥。

在夢境呈現出來的意象之中，我們能夠看懂每個人獨特的生命流動的軌跡，前進與退路均有跡可尋。

有些生命中特別難纏的痛苦，例如詛咒般的厄運、不能自控的寂寞、無法令人理解的執着、明知不該留戀卻無法抽身的情感等，當中印記了當事人自身潛意識的許多設定、家族中的一些牽連關係，以及自身命運的路線圖等。

在很多無法找到路、或要去某個地方卻總是去不到的夢中，很多人會說是「前路不通」，但在我眼中看見的，卻是「執着無用」。你執意想到某處，但「生命」不讓你去到。這是「道」，當我們將眼光再放遠放大一點，就會看見命運的慈悲。有很多的時候，當事人覺得很難接受，因為那時心裏仍無法放下、無法捨棄，然而當命運之流在不斷地推進，我們只能被迫前進。直到某天，當我們真的願意接納及放下執念時，生命才能把你推到另一個意想不到的地方，在那裏，才看得見與別不同的風景。

因此，若我們能看到生命的流動、道的流動，隨順而行，就能四兩撥千斤；生命很多的困惑，甚至痛苦，有些就能迎刃而解、有些日漸變淡。萬般帶不走，唯有業隨身，心中的痛苦與思念雖然伴隨着我們一直前行，但在人生某些重要的時刻，例如疾病、失業、喪親、失戀、移民等等不同的變化中，這些生命中刻下的印記往往突然浮現，假如我們能正面面對，加以治療，則會對生命的轉化產生強大的效果，人生的路線也會由黑暗改成光明的道路。因此，這些痛苦也是人生的轉捩點，將「失去」轉化成「得到」的奇妙之時。

但願這本書裏的故事，可以幫助那些面對「失去」的人們，或迷惘之中的人們，帶來有用的參照。痛苦並非必然，痛苦之中，往往隱藏了命運的奧秘，及上天的慈悲。

安靜

二〇二一年秋

備註：為保障個案私隱，故事中的內容和角色均作出了適當的修改及調整。

目錄

第一章

CHAPTER 1

你不是你以為的你

身體自己在說話

每次會面開始之前，我都會替她準備一個乾淨的、空空的垃圾桶。每次會面結束的時候，這個垃圾桶，都會載滿大半桶沾濕了眼淚和鼻涕的紙巾。有時我看着這半滿的垃圾桶，彷彿看着她半輩子的人生。偶然會心想，假如沒有這些眼淚，她的人生，是否就是空空的？

我很少見一個人能有這麼多的眼淚，每次前來，她一說起自己的事情，眼淚便哇啦哇啦的流個不停。相信林黛玉在生，恐怕也望塵莫及。

然而，她內心的創傷，卻沒有多少。相比起來這眼淚的流量，似乎有種過度的失衡。這些眼淚，似乎記載着一種難以用言語來表述的內在。即使是她自己，也許都不知道這一部分。

她說她自小便很易哭，上幼稚園的時候，會一直哭一直哭，哭到要家人來把她接走。童年時期的人格塑造及習慣形成，是生命中難以磨滅的烙印，這種「開水喉式」的眼淚，相信也與這段日子不無關係。

但長大了，人生也沒有經歷過太大的痛苦，怎麼仍然眼淚流個不停呢？

我想起我家的貓咪月餅，牠出生不久後曾自己打開貓籠，爬出窗外，從六樓不知如何掉到一樓平台。那時住的地方不屬於我，貓咪也不屬於我，當時的屋主只是暫時照顧而已，故沒裝窗網。月餅身受重傷，然而也許是牠聽見我們的呼喚（夜晚找牠極不容易），所以不停喵喵地叫，被一樓的住戶發現，才及時救回小命。自此每當牠有所求，便會鍥而不捨地喵喵叫，例如可在門外叫足一個多小時，令我於心不忍，打開房門讓牠進來一起參加 ZOOM 課堂（牠超喜歡出鏡的）。

女孩患有長期病，我不禁覺得，她的疾病與其太易被觸動的淚腺有關，當然，還有那若失去了沾滿淚水的紙巾，便彷彿空空如也的人生。

她是一個無論怎樣看，都很正常、可愛、聰明、坦誠又有教養的孩子。她好學又有才華，美麗也很大方，擁有着很多人稱羨的氣質，除了太易哭外，很難令人聯想到她內心經歷着的傷痛。

絕大部分的長期病患者，都明顯在生命中經歷過極大的創傷，但她即使進入催眠狀態，依然無法找到非常重大的根源。

在我近乎束手無策的時候，她的夢，拯救了這趟治療。

而我開始在乎她的夢，是因為她的夢，叫她記得把夢的內容寫下來告訴我。這個夢，可說是我治療生涯中一次重大發現。原來潛意識會透過夢境，跟治療師對話。

夢境在跟治療說話

女孩陪一位朋友找學校，她們開車到校園，學校不算大，但女孩卻說：「啊！這間學校好大啊！」

學校的牆上貼滿很多三四線明星的相片，女孩覺得像是一間「野雞」學校，但她卻說：「這學校好難入的啊！連安靜及容祖兒都讀唔到！」

女孩察覺到內在總有種矛盾的感覺，但很奇怪，那又不是口不對心那種矛盾。她在夢中覺得要告訴治療師安靜這件事，於是找來一疊白紙，打算記下來。然而她在紙上竟發現自己曾寫下支持某邪教的人物，她大驚，因為她完全不支持這人物，她覺得自己絕對不能令人誤會，故立即把紙撕掉。

以上就是個案的夢。特別的是，那夢中的朋友，就是在現實世界中把我上一本書《心的痛，身體都知道》介紹給她看的人。

記得文章一開頭，寫過這女孩是個很坦誠及可愛的女孩子嗎？

我們往往覺得「口不對心」的人，就是不坦誠的人。因為明知自己口不對心，那就是一種欺瞞，欺騙別人，或自欺欺人。然而，女孩卻完全不是這樣的性格。和她接觸，深深感受到她真的將自己完全張開及坦白一切，對我也極度信任。她沒有必要也沒有意慾作任何的隱瞞或偽裝。

然而，夢，即女孩的潛意識，跟我說：「她並不知道自己說出口的、表達的，和她內心所想的，原來相反。」

弔詭一點來說，即是她並不知道，原來自己口不對心。

我們對「口不對心」的認知，就是明明心中不是這樣想的，口中卻這樣說了。然而，「說出口」的話，很多時都是刻意的，例如伴侶忽略了自己，你衝口而出說：

「我不理你了！」但其實你心裏很清楚這是氣話，真正的說話是：「其實我很想你多理我。」又或者在吃女朋友煮的極品料理，明明難吃到不行，但卻堆着笑容說：「好吃！好吃！」這些常見的「口不對心」，在當事人心裏都是一清二楚的，而且是「刻意」說出相反的說話。

但個案夢中呈現的狀態卻不一樣。用身體這軀殼說話的她，和心中真正的她，是不相連的。她心中明明覺得學校很小，但她卻對自己為何會說出相反的話，完全沒有感覺，就像身體自己在說話。

在夢中的三個場景：學校大小、入學難度、邪教支持者，全部都和她真心的想法完全相反。

而我終於明白她為何那麼多的眼淚了。

因為內在的靈魂，在哭泣。

夢的特別提示

個案在夢中，特別記得要找張紙，把這事情寫下來給治療師看。醒來後，夢的這個深刻的提示，顯得非常清晰。

尤其是那一刻，她在夢中竟看到紙上自己曾寫下對邪教人物的支持，這點就特別重要。因為她根本不支持。而這發現令她十分震驚及恐懼。

在日常生活之中，很多瑣事即使發生了，我們隨口說完，轉頭便會忘掉。例如口中說學校很大，說學校很難入，即使自己並不真的這樣想，也不會放在心上。心中所思與說話表達的落差很難被覺察，差異太細微了，事件也太微不足道。

然而當牽涉到支持邪教人物，就是良知、道德，甚至乎人身安危的警號，心思與行為相反，就是一個非常清晰的訊息。

同期，個案又做了一個「看似平平無奇的夢」：

她和朋友吃完飯，立即趕去看醫生，這醫生要預約，而這次會面很重要。父親說可開車載她去看醫生，但又堅持先去吃飯，她其實已很飽，卻仍和父親去了吃飯。結果遲了一個多小時到診所，最後無法看醫生，要重新再約，但數個月後才有期。

這夢和上一個夢相呼應。

女孩明明已吃飽，明明趕時間，明明看醫生很重要，但卻因為父親的一點小恩小惠以及不體諒的行為，而令她失去了珍貴的機會。

這樣就能夠更全面地理解到，上一個夢中，女孩其實也是為了迎合朋友，而說出那些「口不對心」的話，且不能控制地說出或做出自己不願意的事。但很特別的是，她這種行為與內在感受的分離卻過於明顯，彷彿說話和行動的是一個人，內裏有想法的是另一個人。

老實說，假如不是潛意識透過夢來告訴我，我可能做一百次治療都未必能夠發現。

當進入催眠後，一切便清晰起來。她十二三歲的時候，和朋友在一起聊天，心中想着：「要跟大家更相似，更融合，朋友關係就會更好。所以自己要表現得開心一點。」同學說去某地方買鞋，她也想去，結果她買了鞋，有些同學沒有買，有些同學之前已買了。

催眠呈現的，是一個不懂得表達內心需要的孩子，甚至沒有想過自己想要甚麼。有些呆，而且中學時想迎合其他同學做同樣的事情。在青春期的成長路上，朋輩的影響非常重要，朋輩的認同，甚至乎比起父母及親人的認同更為重要。青春期的孩子往往會為了「令別人喜歡自己」，而去做一些內心未必認同的事情，以迎合對方。

我曾見過一個女孩子，為了迎合同學一些無聊的想法，而和心愛的男孩子分手。男孩平白無端「被分手」，當然創傷甚大，而女孩子內心也覺得內疚，但為了在同學面前硬撐、充場面，對男孩子不聞不問。青澀的愛情也許未必刻骨銘心，但創傷的烙印卻是持久永恒。

女孩長大後，每當想起這男孩，內心總是充滿內疚，卻又滿臉的不在乎。這種狀態，當然恍如是一種分裂，也恍如是一種自我保護機制。然而，唯有承認自己真的錯了，自己真的在乎，自己當時真的愛他，自己才會得到救贖。

自此，個案開始刻意地去感覺自己內在真正的想法，以及強迫自己說出真心話。漸漸，從某天開始，她再不需要一個空空的垃圾桶去盛載她的眼淚，她仍會哭，但份量比以前少了有十倍八倍。而她，也開始找到新的人生方向及天賦。所以我常說，內心沒甚麼好逃避的，真的人，最正常，也最美。

潛意識好可怕，我和容祖兒曾讀同一間中學，也一起打過排球。那是遙遠的初中，不是個案的夢呈現出來，我也記不起。

捨得，捨不得

她從小有儲橡皮擦的習慣，直至她想斷捨離了，某天把自己儲了多年的藏品都拿出來拍賣，看着人們不斷拿走她的橡皮擦，她知道那些橡皮擦不會回來了。忽地她覺得恐慌，很不捨，不斷把別人拿走的橡皮擦拿回來。有一個女人拿了她一塊蛋糕形橡皮擦，她覺得大受打擊，因為那橡皮擦實在太重要，那是她人生中第一塊收藏的橡皮擦。

讀蔣勳先生的《捨得，捨不得》，他自序中有一句話：「每一次聽到、看到一個人因為『捨不得』而受苦，就熱淚盈眶。」

人生總在捨得與捨不得之間徘徊。

很多我們以為捨得的東西，原來捨不得；有些我們捨不得的東西，偏偏要捨得。捨得，捨不得，彷彿是生命中一個無止盡的輪迴，千萬年間，在歲月中盪漾。

上面夢境中的情節及感覺，你感到熟悉嗎？它也曾在你的夢中，還是人生之中出現過嗎？

我們總是活得自以為是。正如一段段的情感，正如對父母、親人的愛來得太遲。我們總以為，失去了沒甚麼大不了，因為他們待在身邊時，我們也沒有真的怎樣常記住。

我曾經問過一位喇嘛朋友，你如何克服自己的慾望與情感？喇嘛也是人，也有七情六慾，也會渴望被人重視。他說了一句很難做到的話：「強迫自己不去想，就可以了。」

在不丹，很多喇嘛出家，是為了有頓飽飯吃；僧侶的寺廟，也同時是孤兒院。亦有喇嘛出家，是為了滿足家人的期望，因為人們總是覺得，做僧人會為家庭其餘的成員帶來福氣與神靈的庇佑。

然而，我們活在香港的大都市，不需要「犧牲自己（的慾望）」而去「活下來」或「拯救家人」，沒有這麼重大的人生意義。

我們往往，都是人云亦云。別人說斷捨離好，我們便去丟棄自己曾多麼珍惜的東西，卻不知道斷捨離背後的真意，並不是隨手丟棄。我們能斷得了物品，但卻斷不了愛和情感。

看似那麼微不足道的一塊橡皮擦，只要曾經種下過情根，就不是那麼容易的被捨棄。有時，當東西被別人搶走了，才明白自己原來失去不起。

《捨得，捨不得》中，蔣勳先生提到自己有兩枚印章，一個「捨得」，一個「捨不得」。他說，他總是不自覺地只用「捨得」的印章，「捨不得」的一次也沒有用過。

我覺得，假如我有兩枚「捨得」、「捨不得」的印章，我也只會用「捨得」——因為人生實在有太多的「捨不得」，所以時時提醒自己，要「捨得」。

每一個印下來的、朱紅色的「捨得」，就像是一次又一次錐心刺骨的「捨不得」之後，一個個默然的結局。每印一次「捨得」，就像喇嘛頌經聲中，沖刷了內心痛苦後的一種淡然，一種看透了世情後，仍怕自己再次墮入輪迴的溫馨提示。

也許我們都受過「捨不得」的苦，所以才會覺得「捨得」那麼的重要吧？記得有一位個案，她很喜歡丟東西，有次她說：「我總是丟了很多值得回憶的東西。丟的時候很灑脫，但日後回想，總心有戚戚焉，很後悔。」我心想，她假如也有兩枚印章，不知道會否總是常用那「捨不得」的印章，提醒自己原來捨不得？

「捨得」與「捨不得」，總是難以抉擇，這一刻以為捨得，那一刻就捨不得了。

那些欲斷難斷的感情，那些地方，那些回憶，那曾經充滿希望和活力的自己，那些美麗快樂卻難以回頭的日子。那些別人的快樂與笑聲，總叫這邊廂被冷落的自己，感到落寞。

就像上述夢境中的橡皮擦。

那些看似微不足道的東西，記載着只有你才懂得的感情。在某一瞬間，你決定愛上這塊橡皮擦時，它對你來說就產生了不平凡的意義。

我們總是以為割捨很容易。

那些塵封的回憶，那些久沒觸碰的傷疤，那些溫馨美麗的時光，那些那些，交雜在愛與恨之間的、欲斷難斷的感情。

就像小王子眼中的玫瑰，總是獨一無二的。

即使已經久沒觸碰、久沒記起，但那一份感情仍深刻地烙印在心底深處。到真正失去時，我們才知道多麼的捨不得。

別小看那微不足道的小東西，別因為看似便宜而隨手丟棄。因為情感，本質是多麼的彌足珍貴、無可替代。

因為我很羨慕

她剛剛失戀，和朋友相聚，但沒有在人前表現出來。場內有一位曾心儀的男士，不斷讚美另一位漂亮而神采飛揚的女士，二人曾有過一段情。她和各人有說有笑，表面上神態自若，和她內心壓抑着的彆扭形成一種強烈的對比。

大家讚美着女士事業的成功，她表示快要結婚了，對象是一位非常優秀的男士。女士走到她身邊，向她問候。她忽地站起身來，拿起手袋默然走了出去，沒理會旁人的目光。

她坐着電車往山頂方向前進，沿路風光漂亮卻無心細看。山頂是一個遊樂場，旁邊是帶着笑容的遊人，她卻沒有感覺。場中有個小時候「擲公仔」的攤位，但公仔只是隨便放在桌上，連隔開的彩虹板也沒有。她在半呎的距離無感地「擲了」一個巴掌大的公仔，桌上還有很多漂亮的熊啤啤，她說：「那些我要來也沒用。我拿這個回去，有個小東西作一點安慰就算了。」

當我們長大了，學懂在不同場合笑面迎人時，內心的空洞與無奈、失落，就無法再像小孩子般，隨便展現在人前。記不記得小時候，你不開心便會立即哭，不管誰在你跟前？記不記得那時年紀小，你會為了得到一個小小的毛公仔而開心得不得了？

到長大了，我們會發覺，自己無論怎樣努力，也及不上某些人生勝利組。他們生命中的幸福，彷彿唾手可得；而自己呢？無論怎樣活，仍然很笨拙。別人雖沒說出口，但你知道他們覺得你沒出色，但難道你心裏不想出色麼？只是出色不起來啊。

漸漸地，你開始適應這個不夠出色的自己，適應得不到心愛的人和東西，得不到渴望的工作或成就，得不到令自己無悔無憾的幸福快樂。偶爾會聽到些讚美，說你活得真輕鬆自在，沒有甚麼慾望，甘於一份淡泊。殊不知，其實你只是不得不甘於這一份淡泊。慾望？不是沒有，只是不敢去奢望。自己活得輕鬆自在麼？只是不在乎，就不那麼難過罷了。

然而，在那些你很渴望的東西面前，你仍然在乎，在乎到不忍卒睹。所以，才想逃，逃到一個看不見這些東西的地方，逃到那些所謂平淡與自在的地方。

但去到一個遊樂場，你卻仍然開心不起來。唾手可得的毛公仔，小時候曾經令你開心到跳起的毛公仔，你卻完全無感，甚至不屑一顧。

當東西唾手可得的時候，你彷彿很清楚知道自己想要甚麼。即使多麼大、多麼漂亮的熊啤啤，你知道那不是你喜歡的類型，你知道你不想自己的房間被一樣可有可無的東西佔據，你知道你覺得它俗氣，你知道你早晚會把它當成垃圾扔掉或送給別人。

你知道，你只需要一個用來作安慰的、其貌不揚的、只如掌心大的毛公仔。那公仔，你低頭把玩它時，那有點小毛球的布的質感，那沒甚麼的表情，那不起眼不特別的樣子，那麼的細小又不引人注意。你覺得那是給自己的一種陪伴。

假如能重新選擇

我問個案：「來到這裏，你覺得夢境在跟你說甚麼？」

她說：「我很羨慕那女士，她擁有我想要的一切。」

我說：「一切？」

她說，她明白別人的生命都是別人的福氣，只是她卻沒有那些別人唾手可得的幸福。眼看別人找到真愛，同偕白首，她心裏一陣落寞，因為她剛失戀了，那好不容易真心愛上的人，無情地離開了她。而她，因為之前一段感情的失落，在這段感情中，她多麼的努力、多麼的真心、多麼的珍惜、多麼的想得到永久。然而，一切的幸福還是留不住。

她說：「因為得不到，所以羨慕。」

我回到夢的場景，打斷那些令她沉溺在迷失中的思路，問她：「在夢的最後，你覺得那位女士，像場內的哪一個公仔？」

她思索一會說：「那很大很華麗的熊啤啤。」

我說：「而你呢？」

她呆了一呆，說：「我……手上拿着的那個巴掌大的毛公仔。」

她彷彿明瞭了些甚麼，重重地舒出一口氣，含蓄地微笑望向我：「謝謝你。」

我回敬一個心照不宣的微笑。

相信自己的選擇

她說：「我明白，假如我能夠得到自己想要的東西，我或許根本不會選擇她所擁有的。正如她結果也沒有和那位我曾心儀的男士結婚一樣。」

她吸一口氣：「回想，假如讓我選擇，我還是會選擇前男友。他有很多缺點，然而，我們在一起的時候，卻是多麼的自然和舒服。只可惜，最後我們都無法再和對方說話。」

我說：「為甚麼你不能夠像夢中的男士一樣，和你前男友無所顧忌地說話呢？」

她說：「因為我很在乎。我怕我說話，會受傷。我怕我說話，會傷害了他，會更傷害大家曾經都很珍惜的感情。」

我說：「那，現在你懂為甚麼他不說話了吧？」

她眼角滴下了豆大的淚水。

我溫柔地說：「看，你選擇他是對的。你們都曾那麼的珍惜對方啊。」

很多時候，我們都以為分手只有殘酷與無情。但在受傷的人們心中，傷口，卻不是只有痛楚的。有時沉默，是一種包容、一種不忍、一種心痛。當然，也是一種抽離、一種木然、一種放下。

一種相愛卻不能繼續在一起的理解。一種對生命無奈的接納。

然而，人生之中，分離不是最重要的，這段感情是否值得你真心去付出過，珍惜過，才是重要。歲月，會告訴你的。

夢境告訴我們，人生之中那些放不下的、渴望的、想逃避的，其實未必真正是我們想要的。個案身上最痛的，其實不是人生勝利組的事業、美貌、人脈、戀情，而是對方那能夠和所愛的人白頭到老的幸福。

我們真正在乎的，真正渴望的，其實不過是那麼單純的幸福而已。

夢境呈現出你不肯承認的自己

「我覺得害怕。」她輕輕皺眉說。

「為甚麼呢？」我問。

「我連想起這個人都不想，我更不想夜晚夢見他。」她一邊顫抖着身體，一邊露出極抗拒的表情動作，感到困擾、厭惡，但又無法驅走這些不斷浮現的影像。

「但你剛才說，在夢中他出現時，你有一種想念他的感覺。」我挑出她剛才說的夢境情節中，一段讓她神經跳動的內容。她平時總是不斷咒罵這個負心的男人，因為他害得她一無所有，她對這人只有噁心與厭惡，總是用害蟲去形容這個骯髒的男人。然而，在夢中，當他在她眼前出現時，她竟然感到和他親近。

越抗拒，越大壓力

「不，那是他在夢中出現時，我記起和他很親近的感覺。我怕他見到我用手機瀏覽他的臉書，怕他以為我對他還有依戀。但其實我根本沒有。」她急不及待澄清說。而在現實世界中，縱然個案常在腦海中浮現這個人，但堅持不去觸碰任何和他有關的資訊。

「是沒有見到他之前，你以為沒有（對他的依戀）。」我糾正她的語句。（差之毫釐，繆之千里啊。）

夢境的其中一個作用，是讓當事人壓抑的情緒、情感有一個釋放的出口，因此夢中的感覺、感受、感情和反應，往往呈現出當事人的內心世界。當然，夢境有許許多多以象徵意義為主導的情節，我們未必每一個都能充分掌握到箇中的內容，然而，案主的這一個夢，卻是無比的清晰，甚至連她自己也無法否認，在夢中，她的確感到和這個人親近。

我鼓勵她去接納自己內心真正的感受，停止抗拒。因為越抗拒，那回彈的力度只會越大。

「那親近的感覺，讓我記起以前和他在一起時，那種親密感。」她歎一口氣，然後鼻子竟開始酸了。

這一個男人，每次從她口中所描述的形象，都是騙子、騙子、騙子。他騙走她的財富、青春、身體，還害得她被財務公司追債，迫得她要搬家、逃跑，過着不見天日的日子。

自她看清這人的真面目後，便狠下心腸刪掉所有和這人有關的資訊，切斷所有聯繫，打算重新過好自己的生活。然而，當她的生活逐漸回到正軌時，卻仍不時在腦海浮現這一個人，她堅信自己對這男人只有厭惡並沒有愛，但她不明白，為何自己還是不時會想起他，感到極度困擾，故前來求助。

這其實是創傷後遺，以及否定過去、將情緒壓抑的後果。

這個男人對個案的傷害固然甚深，由於自我防衛機制的運作，故令案主出現「否認」（denial）的情況，同時，我們可以想像，一個人能把你傷得那麼深，可見其實你付出過的愛，也不淺。有時那些愛，即使（你以為）早已事過境遷、煙消雲散，但在潛意識中，只要我們對自己，甚至對過去的自己否認或否定，其實都會形成一種壓抑。在我多年的心理治療工作中，總是發現，無論我們的情緒或感受是正面還是負面的，只要我們否認，潛意識便會用盡辦法找空子鑽出來，無論是透過夢境、說漏了嘴、身體的疾病、不自覺的動作與面部表情等等。

避不了，躲不掉。它會用不同的形象及方法，在你生命之中似有還無地提示，直至你覺察、接納、承認、正視及學懂當中的課題。

而我，會形容它為終於拆開了那一份厚禮。

在某 whatsapp 群組看到別人和男人的對話，男人說他過去因多情而犯罪，現在已沒事了。個案感到好奇，上網查看男子的社交媒體。男人突然在她眼前不遠處出現，那是一個娛樂場所，但男人並沒看見她。她卻很害怕，怕男人看見她上網找他的資料，以為自己對他餘情未了。

女人說得沒有錯，她對這個男人深惡痛絕，然而，由於她不斷否認，故此潛意識在告訴個案：「你別忘了，其實你也曾經喜歡過這個人。」

在夢中，她看見男人在一個娛樂場所工作，而那也是二人相遇的地方，她記起男人風趣幽默的一面，她當時就是因為這點被男人吸引了。而這些內容，在她一直說着噁心和討厭這個人時，都被她隱藏與抑壓了。

而唯有去承認，才能釋放，甚至釋懷。

我嘗試引導她去承認內心真正的感受，人的感情很複雜，即使愛錯了人，但愛過便愛過，又何必否定自己內心美麗的那片純真？當初愛上他，只是因為不知道原來他不值得愛而已，要否定的，是那一個傷害你的人，而不是自己美麗的愛。

「我承認，我曾經很努力去討好他、愛他，渴望他能留在我的身邊。」她的身體軟了下來，內心像打開了一道塵封的門，一陣霉舊的氣味滲了出來，裏面藏着一份鬱苦。但同時，她一邊說着說着，繃緊的臉容也鬆軟下來，因為她對自己的厭惡同時也隨着這「承認」而消失了。

夢境，是打開隱藏心鎖的鑰匙

「我一直都不想承認自己愛上了一個人渣。」她說。

「我一直都很怕會在街上遇見他，我覺得很侮辱。」她憤憤不平地說。

侮辱。我心裏喃喃道。一個有點刺耳的詞語。一個很特別的詞語。當一扇門被安全地打開之後，另一扇門也隨之而為你打開了。唯有先承認自己對這人的感情和愛，才能打開的另一個鎖，終於出現。

「我付出的愛，他都視若無睹。」她說。

「啊，因此，你的報復方式，就是對他視若無睹。你，其實也是想侮辱他吧。」我說。

個案出於對男人的厭惡感，總是在臉上呈現着一種不屑的表情。她說起這個人時，會反白眼、表示不想提，因為他不值得被提起。即使說起，也盡是些難聽的話。難聽得讓人產生一種錯覺，她是因為撞邪了才會愛上這一個男人。

她頓一頓，抬頭望向我，不可置信地露出恍然大悟的神情：「可能是這樣……」我覺得，一個人的行為方式，有時是種輪迴。

「我承認，我愛上過一個人渣。我曾經被他吸引過，也曾交付過我的真心。我承認，我人生中有過這一段極之失敗的感情，但我不會稱之為愛情，因為愛情應是兩情相悅及美好的，但他對我不好。他不是我的愛人，他沒有資格，因為他從來沒有真心愛過我。」

「他不夠珍惜你。」我說。

「嘿。他口中說珍惜我的話卻不少。我一次又一次去相信，但我心裏知道他根本不是，我不過在自欺欺人。每一次他承諾了的事卻沒有做的時候，我承認，那刻我覺得很侮辱。他總是說我很好，但他卻對我不好。」

我終於明白，那侮辱是來自何方。這句話背後的意思，就是：「你很好，但我不愛你。」這，也是個案在心中不斷喃喃自語的說話。每次，還加一聲冷笑。

因為對個案來說，這簡直就是在侮辱她的智慧，當她是個白癡般欺騙和耍弄。

因此，難怪個案總是說他是騙子、騙子、騙子。因為假如她甚麼都好，他又怎會不愛她、不要她？他，一直都在騙她，不只騙她的身體、她的感情，連她的好，也是騙她的。

男人一直虎視眈眈的，是她的美貌、身材、人脈、財富和能力。她很好，因為她擁有這些；但她內心純真的愛，對方卻沒有珍惜與看見。那是因為，他覺得她不夠好。

擁有這麼多的女子，心裏自然很高傲。她不乏裙下之臣，然而，她卻總是看不起他們。在她的心中，她覺得愛情是最高尚的。她把最高尚的東西付出了，她把美貌、身材、人脈、財富和能力都付出了，但卻賠了夫人又折兵。

有句話，她常說：「我是人生勝利組。」而這一次，她慘敗。但她不願承認，所以把這男人貶到一文不值。

當然，有本事欺騙這樣一個女子愛上他，其實那男子的才智、外表、身份、能力也樣樣上乘。只是，當一個人心中滿是痛苦時，所表達出來的形象，就會產生一種強烈的扭曲。

當初，她看上他的，難道又不是他擁有的一切嗎？難道大家看不見，她根本不是因為這個男人純真的愛而愛上他嗎？她自己所謂的愛，其實一開始也不單純。只是之後，她動情了、不甘了、痛苦了。

其實，那背後令她成長的，是自尊；令她痛苦的，也是自尊。

甚麼是對？甚麼是錯？

有一段不短的時間，個案大受打擊，把自己看得低、很自卑。她無法從那句「你很好，但我不愛你」中走出來。她亦因為這句話，而感到前所未有的暴怒。她這輩子努力經營自己，最終卻落得被人欺騙的下場。她以為只要努力，就會得到一個優秀而真心愛她的男人。

然而，她卻輸得一敗塗地。

正如我們常聽見的那些勵志故事，別人可能很清楚，就是因為你很優秀，所以才被大騙子盯上。但對於當事人來說，這像是諷刺更多於安慰。

她需要的，是接納自身的命運，是認同及肯定她的好，而非一味去強調那個男人怎樣對她，又或她一開始的愛是否單純。因為提起那男人，會令她自卑及虛弱，但肯定她的好，卻是一份認同及欣賞（即使她的感情一開始不單純，但後來的愛及痛卻是真實的）。我們要懂得在削弱力量以及提升力量之間抉擇，以輔助當事人走出困境。

那麼，她才能看清楚這段痛苦的人生經驗，所帶來的領悟。

事過境遷之後

「它們都已經成為過去。因為這次失敗，我才不再驕傲，我才更懂得珍惜現在的伴侶，因為每當我想到他對我那一份真心真意的愛，我就感動得流下眼淚。」這句話，是治療之後，她遇上了現在的伴侶，一種深深的啟發。

「當時，我還以為治療並沒有用呢。但現在回想，原來幸福早在我身邊，但我的心高氣傲，讓我看不到。而因為治療，我現在才能看得見。」她笑着補充說。

正如在光明之中點燈，我們不會覺得燈有多亮、有多好；但在黑暗中時，那燈的真正價值和溫暖，才能被看見、被感受到。

個案現在的伴侶，平實、穩重，沒有多少花言巧語，也不懂送禮物，然而，他對個案的關心和愛，卻同樣是實實在在的，沒有浮誇也沒有虛假。以前她會看不上這種男人，因為覺得很無聊沉悶。然而經此一役後，她才深深感受到，被真心愛着，原來是一種這麼溫馨及美好的感覺。原來，這麼的安穩。

因為這次的痛苦，她終於明白，終於懂得去把握，終於擁有自己的幸福。假如沒有解通這個夢，她便無法解開心中的心鎖，即使擁有美好的生活，但內心也會一直被痛苦與恐懼糾纏着。縱然幸福早在身邊，唾手可得，但卻看不見、捉不緊，甚至乎，孤獨終老。

現在，看着她臉上流露知足又幸福的笑容，我深深覺得，夢，其實才是那月老呢。

第二章

CHAPTER 2

那些你不知道自己原來都知道的東西

世上有一種冷，叫你媽覺得你冷

在一片戶外的草坪上，七八歲左右的兒子看着別人踢足球，很想加入的樣子。母親問他：「你怎麼不去玩呢？」他說：「我不知道怎樣過去。」母親說：「那麼你去問問他們能否一起玩便行了。」但兒子卻黏着母親，不肯過去。母親沒有理會他，走到五歲的女兒身邊，四周很多人都像玩滑梯般滑下水渠，玩得很開心。女兒說她也想玩，母親說很危險又恐怖。女兒感到不開心，母親說：「我們找樓梯到下面吧。」母親拖着女兒四處找，但怎樣也找不到到下面的路，那滑梯似乎是唯一的方法。母親沒理會，在袋子中拿出了一份功課及練習讓女兒去做。

我們從小到大，都沒有學習過如何成為一位父母親。很多時候，我們會不由自主地，讓孩子承受自己小時候所受過的對待，那些你以為你不會重蹈父母覆轍的教養方法。但所有你經歷過的、體驗過的、接觸過的，通通都埋藏在潛意識深處。當你認真對待自己的夢境，方才發現，原來孩子的世界中，他們對你的期望與失望，竟然那麼的常見，而又那麼的顯而易見。

上述是一個母親的真實夢境。這位母親平時對於自己教育孩子的態度，既有一種自信，又有一份失落。她絕對是一位優秀而又充滿着愛的母親，為子女付出了甚多，然而她又如世間大部分的母親一樣，對於孩子的行為或情緒，有一種莫名的無助感。

很多時大人都期望孩子能夠主動、懂性懂事。大人明知孩子仍然是孩子，卻常常把大人的標準放在孩子身上。孩子想和陌生的小朋友一起踢足球，對他來說那是一個陌生的世界，主動，代表着可能被拒絕和受傷。這樣的孩子往往是在父母的拒絕下成長：像女兒那樣，不許去玩看似危險的事、不許做甚麼、不許要求買甚麼、不許晚睡、不許不吃飯、不許喧鬧、不許發脾氣、不許有自己的思想。

這樣的孩子長大後會變得被動又怕事，沒有主見、欠缺自我、不敢爭取。而大人還因為「覺得煩」，而將其情緒壓抑下去，例如夢中的母親，見到女兒不開心，自己發現了原來滑梯是唯一的路，卻又不想承認自己錯了，或仍然不想讓女兒滑下去，於是便拿出練習簿來給女兒做。

世上有一種冷，叫「媽媽覺得你冷」。世上也有一種為你好，叫「媽媽覺得這樣對你來說就是好」。無論是滑梯，還是做練習，都是典型的「媽媽覺得危險、媽媽覺得做練習好」。然而，客觀來說，人人都在玩的滑梯、唯一一條可行的路的滑梯，又有甚麼危險呢？做練習，不是不好，但夢中做練習的舉動，只是種掩飾和壓抑女兒情緒的行為而已。

當解完這個夢後，這位母親忽地發現，原來自己一直以為的「好媽媽」，對孩子來說並不足夠。假如不是潛意識透過夢，告訴她孩子需要鼓勵、需要推動，她也許永遠不會知道這小小的幫助，對孩子將來的成長來說有多麼的重要。若不是夢告訴她，她的教育方式有點自以為是，她不會嘗試去放手讓女兒能夠有更自主的興趣。

過了一段日子，她回來告訴我，女兒以前從來不敢放學自己一個回家（女兒其實已中二，學校不過在家附近），但現在可以了，還自己坐小巴及的士。兒子也變得更成熟和主動，這和她更懂得鼓勵和支持有關。

生命總是不停地學習、成長，無論是作為一個孩子，還是為人父母。孩子也是需要被尊重的，那麼他們才會懂得尊重自己內在真正的需要，勇於改變及嘗試。我們總是渴望孩子成為一個懂事懂性的大人，但忘了自己其實也許還有未夠懂事和懂性的部分。互相尊重、互相支持，這不是僅限於人際或伴侶關係，親子關係也是如此。

狗血的微電影

我收到母親的結婚邀請卡，自己一個到場，那是一間很高級的酒店，環境高級，食物也很高級，媽媽穿得很美很漂亮，衣服看去也很高級。母親和新婚的外籍丈夫吃着東西說着話，然後很奇怪地走進了廚房，我偷偷跟着去看，結果看到她蹲在地上洗碗，身上仍是那套高級的婚禮套裝。

此刻我才驚覺，原來一切光鮮的東西，都是假象來的。

假如以上的不是一個夢，而是一齣微電影，或一個寓言故事，你會否覺得很狗血？

很多人說夢境荒誕離奇，正如很多人覺得劈腿出軌的一定是渣男渣女。這是因為人都是膚淺的生物，看事情只從表面的資訊，便去判斷一個人有沒有心、是否無情。有時傷心，因為你想着的總是別人有沒有錯，卻不曾去細思行為背後的原因。

我們總是瀏覽着社交媒體中，別人光鮮的衣着、豪華的旅程、美味精緻的食物、豐盛而優質的生活、令人感動而被閃得刺目的感情。那些呈現出來的模樣，那些令人欣羨的幸福，多麼的像童話故事，多麼的既近且遠。

你曾經很疑惑，人們是怎樣活的？為甚麼別人都活得那麼好？甚至連那些在你生命中，狠心把你拋棄、遺忘的摯愛與親人，都活得比你更好？

你很孤單，你很落寞，但你也和別人一樣，沒有在社交媒體，甚至在人前呈現出來。因為我們要面子，我們不想讓別人看見我們潦倒的樣子，不想讓那些你在乎的人，看見你多麼的不濟、活得多麼的愚蠢，原來自己多麼的脆弱與無助。

是的，原來活得真的人，沒有多少個。別人看見的人生，都是堆砌出來的糖衣苦果。

她的父親母親

個案小時候和母親甚為親近，然而後來母親出軌，父母離婚，她再沒能和母親親近，甚至乎覺得她甚麼都不對。

當時她年紀甚小，一直聽着三姑六婆怎樣罵母親，聽着父親說母親的不是，聽着很多很多令人扭曲親情的說話。有沒有人想過，拿這些話跟小孩子說幹甚麼？作為孩子，需要的只是父母真心的愛而已。他們感情出問題，難道就不是孩子的父母了嗎？這既然不可能，就應該看得更清楚。

在心理治療的過程中，女孩多次表達她一聽到和親情有關的歌曲，便會哭。但她明明對父母都沒有很大的感覺，她和父親關係不錯，但和母親關係欠佳。每次我嘗試協助她去理解母親當年出軌時的內心世界，她也十分吃力。

直至某天，她做了上述的這個夢。

我們總是以為離棄別人的人，一定活得很好很光鮮。因為那些人多麼的狠心，多麼的自私，能夠不管別人的痛苦，過自己想過的日子。

然而在更多的故事，我所發現的，狠心的人極少，脆弱的人卻比比皆是。所謂的離棄，可能不過因為心死。那些你以為罪大惡極的行為，也許不過因為一時軟弱，所以尋求安慰。

一個令人快樂又幸福的地方，又怎會如此不堪？

一個讓人在脆弱、軟弱的時候，能夠回去休養及感到安全的避風港，又怎會讓一顆心四處飄泊？

人生所有的事情都有因緣業力，因果、因果，你看見的因，其實是果。

正如女孩小時候看見媽媽被父親的家人責備她出軌，媽媽的背叛是因，但其實這也是果。細想，令到媽媽背叛的因，是甚麼？

她說：「我聽說，爸爸媽媽結婚時，根本不愛對方。」

我問：「你可以跟一個你不愛的人，過下半輩子嗎？」

她沉默，搖了搖頭。答案顯而易見吧。

說完，她重重地呼了一口氣，像肩膊上的重擔，忽地被放了下來。

她其實也知道，媽媽和新的伴侶過得並不快樂。她其實也知道，媽媽過着一些不容易的日子。然而由於痛苦和誤會，她從來沒有認真去細想，原來媽媽也是一個重重受傷、而一直忍耐着痛苦的人。

在她的夢中，媽媽在自己華麗的婚禮中，於廚房蹲在地上洗碗的模樣，多麼的令人心酸和難堪，她身上那套華麗的禮服，和手上的膠手套、落寞的樣子，形成一種多麼強烈又諷刺的對比。

夢，就是這麼殘酷又毫無保留地，以象徵意義和影像告訴你，這個世界在人的內心之中，最真實的面貌。

周潤發沒有性生活

單調乏味。

她在人前的生活看似多姿多彩，然而當她坐在我身前，說話的表情、對自己生活的遐想、描述每天的工作及行程，談到和別人的關係時，都隱隱然透出一種索然無味的感覺。就像你去到一間優質餐廳，侍應奉上精緻的美食，但你卻品嚐不出半點味道來。

她的生活其實一切順利，雖偶有小問題，但不算很大的困擾。最大的困擾，就是太忙了。每天重複同樣的工作，重複地做到很累後渴求休息，重複地面對相似的人事物，重複卻又不能自主地活着。

她說她最近做了一個「很無聊」的夢：

她夢見了周潤發，周潤發說他已很久沒有和老婆做那回事了。大家都很奇怪，覺得他是大明星，應有很多女明星「送上門」才是，但發哥的語氣中，卻令人覺得他現在完全沒有性生活。

這麼短的一個場景，她調侃說連自己做夢，也是這麼的乏味。

我突然想起一個她從沒談過的問題。

「你有男朋友嗎？」我問。她那麼忙碌，那麼疲累，那麼索然無味的生活，怎麼會有男朋友呢？

「唉……有啊。」她抓了抓耳朵，帶點不自然的姿態。

「你們的關係，是怎樣的呢？」其實我心裏想的是：「你們的關係很奇怪麼？」

她猶豫了一會說：「我們是Long D（長距離戀愛）的，他在新疆。」

她像一個洩了氣的皮球，歎一口氣，整個肩膊都垮了下來，和之前一直述說着生活如何、工作如何的模樣，截然不同。她說：「因為（新冠）疫情，我們已一整年沒有見面了。」

「但你們感情不錯，是嗎？」我問。她驚訝地說：「你是怎樣知道的？」

「是你的夢告訴我的。」我微笑說。她一臉愕然，彷彿聽見一件前所未見、意想不到的事。

我微笑說：「來，說說你和男友的關係給我聽。」

她說起了和男友認識的過程，滔滔不絕，臉上帶着光彩，語氣也不再沉悶單調。她說，她是某次去新疆旅行時認識他的，他身上散發着一種她前所未見的單純。她跟他說話，覺得很舒服、很自然、很安全。因為她知道，這樣的男子不會想傷害她。

有時我真的很慨歎，怎麼香港有那麼多美麗的女生，在感情的路上竟那麼的傷痕纍纍、那麼的害怕、那麼的寂寞。

女生和男友的感情出奇地好，和一般我們聽見的 Long D 故事很不同，他們每天都會視像聊天，每天都分享生活瑣事，就和每天相見的感覺一樣。

那刻我才明白，她的生活為何那麼索然無味了。因為她的心和感覺，都被拉扯到新疆去，被一個光環溫暖地包覆着。

然而，她也有很迷惘的時候。她不知道二人這段感情能維持多久。她的一切都在香港，她的工作、收入、家人。男友則是土生土長的新疆人，家族中的責任也讓他幾乎不可能離開新疆。兩個靈魂的相遇，卻彷彿像是兩個時空在剎那間交錯而擦亮的花火，照耀了長空，卻一閃即逝。她的思想很成熟，總是說已做好心理準備，某天其中一方可能耐不住寂寞，或許感情變淡、或許疏離、或許出軌，甚至乎死了也不稀奇。

她仰望着空氣中那虛無的一點，說：「也許相隔那麼遠，不會那麼傷心吧。」

那刻我才發覺，她對生活的無感，原來是一種壓抑，是一種心理準備，為了迎接那近乎絕望的心痛。讓忙碌將感覺都磨薄了、讓自己沒那麼多的心神擔憂、讓將來那傷心的時刻來臨時，身體及意識仍能運作和繼續生活下去。

我跟她說出自己的看法，她雙眼都紅了，我說：「你真心地深愛着他啊。」

她哭着說：「我自己都覺得很荒謬，我們背景差那麼遠，距離又那麼遠，有時我也會問，自己是不是在自欺欺人，有一個那麼愛我的人。」

我心中想的是：「還是你害怕的自欺欺人，是自己真心地愛上一個人？」

人的生活模式和潛意識不可劃分，你怎樣活着，就顯出你在潛意識中，有甚麼東西活着。夢，是潛意識的顯像，夢是怎樣，你就是怎樣，那麼的真確，那麼的不可逃避、不可遏制。

因為夢，就是你有意識地壓下去的東西。

我笑問她：「你覺得周潤發和她太太的關係怎樣？」

她說：「好到不得了。」我問：「還有呢？」她想了想說：「發哥是一個很知足、很簡單的人，他就算擁有很多財富，但物質生活上沒甚麼所求。我好喜歡他，覺得他比那些戴着面具的明星好太多，他去行山，他做自己，他不因為身份地位而忘了本心。他太太也是一個很能幹的女士，總是照顧着他。我其實很羨慕他們，能有這麼美好的婚姻關係，看得出他們很愛對方。」

「那性生活呢？你怎麼看。你的夢中發哥說他沒有性生活。」我問。

她說：「其實有時我也有性需要，也渴望有人擁抱和親密。**但如你所說**，發哥和他太太感情很好，他們一起很久了，所以就算已對對方失去性慾，但還是不離不棄。其實伴侶之間，能走到最後，不是因為性，而是因為愛和相處的方式。」

我笑說：「我剛才甚麼都沒有說啊，**那都是你說的。**」

她呆了一呆，忽地開懷大笑起來。

在大城市生活的男男女女，對性和感情的渴求有時模糊不清。但這位女生的夢，卻比我們都清醒。誰都渴望愛，誰都說想要一個長久相伴的伴侶。然而，我們卻往往被恐懼迷惑了眼睛，有些更傻的，是讓恐懼控制了感情。明明很美好的一段情，**卻因為害怕失去，而讓自己失去**。而事實上，無論是距離、性別還是性，都不重要，最重要的，是兩個人的感情。

一段關係，若然沒有愛，那不過是一段交易；一段關係，若然深愛，那就是地久天長。放下恐懼，與其讓恐懼去消耗你的能量，與其花力氣去害怕，倒不如把相同的力量，建築在信任及延續之上吧。忘記放棄，只看着一起走下去的前方，因為將來，就是現在每分每秒累積而成的。

你還記得二十歲的時候，愛過的人嗎？

她說起「那個人」的時候，表情總是那麼的不經意，彷彿一切早如過眼雲煙。然而，偶爾總有幾秒鐘的停頓與出神，夾雜着一點悔疚的低鳴，在記憶深處輕輕的迴盪，在臉上透着浮光。

彷彿，每一段刻骨銘心的感情，都總有着那麼的一點悔疚與落寞。

未完的心願

「如果我當時……」

我總是聽見他們說這句話。

記得有位個案，她四十多歲，樣貌娟好，然而十多年來感情都沒有落腳處。即使有過一兩段情，但總是以不快終結，和那些因感情困擾前來的朋友恰恰相反，這些人都無法在她心中留下深刻的痕跡。

她說，她總是做一個惡夢。夢的場景很簡單：

我總是孤單的一個人，要回去某個地方，但一直找不到路，又或遇上不同的人，但那些都不是好人。我只知道要去某個地方，要去見某一個人，但卻不知道那人是誰。

但我很清楚，見到那個人，就安全了。

我問：「生命中有誰你真心愛過嗎？」

她覺得很奇怪，為何我會問這個問題，她皺着眉說：「不知算不算……我二十歲左右的時候，在外國讀書有過一位男朋友。」

她頓了一頓說：「他年紀比我大很多，因為家人反對我和外國人在一起，所以最後分開了。」

「二十歲，戀愛就是生命的一切。」我心想。

很多個案前來，都會談及過去的感情史。那些現在陷入情困的個案，人生早年的感情史，往往感覺都很薄弱，也許因為現在心痛着的，才是最重要的吧。然而，那些多年單身、人到中年最多談過一兩次戀愛的朋友們，往往感情失敗之餘，二十來歲時的情愛，都很刻骨銘心。

「你們當時的感情好嗎？」我問。

她的身體很不自在：「那時候，他有叫我留下來，跟他結婚。」

「然後呢？」

「然後我回了香港。」她說。這句話，簡略得有如一個惡夢。

「他……會很傷心吧？」

「我當時做了一件很錯的事，我甚麼都沒有說，就走了。」她說：「如果我能回到當時，我肯定不會再這麼做。」

她的眼眶開始泛紅，我有一種不祥的預感。

「你們現在還有聯絡嗎？」

她搖搖頭：「不……過了幾年，他就過世了。」

她哭着說：「如果我當年陪在他身邊，那麼他就可能不會死，那麼他最後幾年就不用孤伶伶的只有一個人。」

二十歲的時候，我們都還未懂得如何好好去愛一個人。懵懵懂懂的感情，很多時來得快，去得也快。他日回想，連受過多重的傷，也記不起來。但只要真心愛過，即使意識忘掉了，在潛意識深處，那份愛仍在。

我輕輕地說：「當時，你是很想嫁給他的吧？」

恍如阻塞着泉眼的石頭突然被拔了出來，內心埋藏的感情如泉般淚湧。

她說：「我好喜歡那個國家，我好喜歡和他在一起，但家人不許，我只能夠回來，我甚麼都做不到。我不應該甚麼都不說就走了，我傷他好深，他好愛我……」

「你也很愛他啊。」我輕聲說。

只要曾經深深地愛過一個人，就不會沒有痕跡。她現實生活中沒有嫁給那男士，但心中卻已嫁了給他。她多年來無法找到一個伴侶，就如她的夢：「她要回去某個地方，回去見那個讓她安心的人。」

即使過了那麼多年，彷彿已經忘記了；甚至乎忘記到，以為餘生都不會再記起。但心中認真地許下過的承諾，在你最認真的那一刻，潛意識便會替你牢牢記着。那些刻骨銘心的愛，那些徹夜未眠所流的眼淚，那些未完的心願，縱然你已很久不曾記起，原來仍活在每一個呼吸之中。

忽然之間，我覺得人心真的很美麗。也許當年的男友，心疼、哭號、傷心得肝腸寸斷，但其實，原來他深愛着的女子，根本沒有離開過他。她的人走了，但心早已嫁了給他。他離世的時候，即使只有一個人，但其實，他愛的女人一直都在。她的心，一直都不在她自己身上，而是在他那裏。

即使連她自己，也不知道。

但夢，知道。

她哭着說，她總是夢到一雙戒指，只有一個簡單的片段，卻總是常常浮現，現在說着，忽然記起來。她哭着說：「我只知道那是我的戒指，現在我知道了，那是我們的戒指……」

空氣中忽地傳來輕輕的一陣微風般掠過的歎息。

我傾聽着微風的氣息，有點出神。輕輕的說：「你，想見見他嗎？」

她大哭着點頭，我帶領她進入催眠狀態，在那個她夢中不斷想回到的地方，與她的愛人相見。這種忽然頓悟的瞬間，一輩子深藏在心裏，連自己都不敢去想的真心，讓整個房間瀰漫着一種難以形容的氛圍。彷彿一種散亂的氣壓忽地凝聚，又彷彿微風吹拂的滲着喜悅。呼吸忽地快重起來，像此刻被深埋在泥土中的生命終於伸出頭來，心又重新活過來。縱然微弱，但這就是重生的心跳聲。

人們說：「愛，需要勇氣。」在彷彿懦弱順從的軀殼背後，卻是堅守着真愛的靈魂。但我覺得，這世上，沒有甚麼真正的勇氣，沒有甚麼懦弱與無能，只要有真心，在人生的脈絡中，仍滿滿是那愛的印記。

第三章

CHAPTER 3

你比你想像中堅強

去錯地方的清晨

她用手機 app 召的士，那時剛好是清晨，天色還帶着一種黑夜的陰霾。的士司機好像開錯了路，但她知道那仍是能到達目的地，她下意識地摸了摸錢包，內裏有一張五百元紙幣。但她知道叫車的費用早已固定，其實不用擔心超支。

司機說句不好意思，走錯了路，她說不打緊。的士結果到了一條小道上，離她要到的地方，還有一整條街。她抬頭看，那是她以前工作的公司，她心想：「我已經很久沒有在這裏工作了。」她要回到自己的小公司去。

但她心想，其實的士司機是出於好意，因為這個地點和她要到的地方，在 app 上顯示的地址是一樣的，司機一定以為她是一大清早回這大公司工作，所以才停在這裡。她有點不忍心告訴司機他錯了，她自己也不知道這點無謂的惻隱之心從何而來。司機好像對自己做了一件「好事」而很高興，在天還未亮時安全送了一個女孩回公司，而且還是到大門前，覺得很滿意自己的表現。

女孩沒有說自己要到的地方其實在前方，她下車，司機想查看手機是否已收到費用，但發現沒有帶手機。女孩也忽然發現，自己沒有帶手機。她心中一陣震顫，然後又安定下來：「這也好。」她其實把手機關掉放在抽屜裏了，因為她對男朋友太失望，不想再有期待。現在一整天沒有手機用了，也好，也許可以更放下他了吧。

的士司機問她有沒有現金，一共四百元。她問：「你收五百元紙幣嗎？」她心中慶幸今天有這張五百元，但同時又疑惑，app 不是會自動收費的嗎？這不是等於付了雙重費用嗎？

的士司機對此十分歡迎，表示他現在查不到手機，好像要按某些鍵才能收到錢的，他和那些不太懂得用手機的老人一樣，要靠高科技糊口但又總是學得很艱辛，對某些功能其實也不太清楚。他表示假如收多了，叫女孩傳訊息讓他退錢便行。女孩看他頗老實，心想也就算了。假如真的虧了，就怪自己不好運吧。

她心裏有點惆悵，她要走一段昏暗的路。她知道，自己有點怯，但她還是會到達目的地的。

我們是否都曾有過那樣的清晨，渴望出走，到一個沒有人找到自己的地方？我們是否都曾被載到錯誤的地方，寧願自己吃虧、冒一點險，也沒有告訴別人的打算？

我們是否都曾經像被有意無意地眷顧着，忘了帶重要的東西，但又剛巧帶了另一種替代？像故事中的女孩，忘了帶手機但卻心血來潮帶了一張五百元？

我們是否都曾經渴望，上天能夠幫自己一把，去放下心中那個早該放下的人？

我們是否都曾怯懦地走向那昏暗的道路，一個人，那麼的孤單，那麼無奈卻又帶點堅強？

人生之中，冥冥中有些安排，彷彿是錯誤的；然而人生之中，冥冥中有些安排，彷彿是上天有意無意的關顧。

有些道路本來不用走，但因為一時的忍受，不忍心別人受傷，結果你付出了，卻得不到應得的回應。而那些昏暗又淒冷的道路，彷彿有一種無力感，但在清晨來臨的漆黑中，迎面而來的卻是一份堅強與光明。

我們都不自覺地變得堅強

她有一段非常長久的感情，長久得她以為可以不用結婚，就這樣永遠在一起。日子平淡如水，在家相對無言。她曾經深信，這樣簡單美好的生活，就是自己所一心追求的幸福。然而，日子淡如無味的感覺原來會令人迷失，最近她發覺同居男友在網上和不同的女生調情。

她記起自己的父親，多麼的像個老實人。然而她也曾聽母親說，父親也有過其他女人。有沒有出軌不知道，但一個人的心在不在你身上，你知道。

母親說這話時那黯然的眼神，就像夢中那黯然的清晨。

夢中那的士司機，感覺很像父親。父親總是為了能替女兒做些小事情而高興。然而，女兒總覺得他只是自以為是、自我感覺良好，因為就像夢中的司機，其實他走錯了路。

我心想，我們人生之中那些看似無謂的惻隱之心，其實也是一些被愛的證明吧？因為從小不忍心告訴疼愛自己的人，其實對方所做的東西、給予的東西，你根本不怎麼喜歡，只是不想對方失望，所以強迫自己接受。

個案的父親也是一個老實而不懂新科技的人，女兒教了很久，他才很勉強學懂用一點智能電話的功能。

我問：「那的士司機，令你想起你父親的甚麼東西嗎？」

她說：「爸爸一把年紀了，其實還要工作。」她鼻子酸了起來：「爸爸是一個很甘於平淡的人，工作多麼沉悶也好，還是一大清早去上班，日日如是。」

我問：「他為甚麼要這樣做呢？」

她微笑說：「想送我們到安全的大公司去上班。爸爸從小就這樣跟我說，好好讀書，到大公司上班，安安定定找一份長工，安安定定找一個男人。」她歎口氣說：「然而我卻辭了工作，現在連男友都不想要了。我覺得很對爸爸不起。」

原來一個簡單的夢，呈現出的，是個案對於忠於追求自己夢想，但無法忠於父親的愛的愧疚。

我問：「爸爸知道你自己出來開公司嗎？」

她搖了搖頭：「不知道。」

這時我明白她為何和男友出現問題了。因為對爸爸不忠，所以也無法守住對男友的情。因為她找男朋友，也是爸爸說安安定定找一個男人就好。但她現在不甘於安定了，其實她在做自己的小生意時，也認識了一位心儀的男士。雖然尚未開始，但心的變化，情感的變化，還是如人飲水，冷暖自知。

我問她：「為甚麼突然想自己開公司了呢？」

她說：「我很小的時候，就覺得爸爸太辛苦了。天天上班，受客人的氣、老闆的氣，為的只是那點微薄的薪金。我總是聽人說自己做生意可以賺多很多錢，可以不用天天上班。我不想打工了，我想靠自己。」

她說：「我不想像爸爸那麼辛苦一輩子。」

「原來都是為了爸爸啊。」我心想。

很多人以為自己的愛是叛逆。但其實，當我們回到最初，那閃亮發光的東西，原來都是因為被愛過。不忍心愛自己的人受苦，不想自己也受同樣的苦。

我看着她離去的背影，彷彿看着那昏暗的清晨中，孤身一人向前走的身影。像一位父母親，目送着自己的孩子走上他們自己的道路。眼前的女孩，不再是小孩了，她有自己想走的路，她想試試新的東西。即使昏暗，即使有一點危險，即使只有一個人，即使難免寂寞。

但我們都知道，她會到達目的地的。

甚麼都沒有的人

當她回娘家去整理父親的遺物時，想不到很輕鬆地一會兒便完成了。然而她內心卻感到有一個空洞，這份輕鬆，有一種意想不到的沉重。

「為甚麼一個人，可以甚麼都沒有？」她說。

她坐在那空白一般的房間，沒有死人的氣息，也不像有人活過。看着攤在眼前的遺物，她忽然感到一陣惘然，有一種空空洞洞，卻完全無法理解的衝擊。

遺物清單：

1. 衣服和褲子數件
2. 手錶一隻

3.錢包及證件

4.小女兒的相片

5.孫女的相片

6.離世當天戴着的頸巾（小女兒十年前送的）

7.離世當天戴着的玉佩（大兒子十年前送的）

8.帽子（小女兒三年前送的）

9.子女的卡片

10.寫着很久以前朋友名字的簿子

對於一個活了一輩子的老人來說，這些留下的東西、活過的證明，是否太輕太薄了？

她說：「我拿着爸爸那一袋要扔掉的衣物，就那麼一個載不滿的垃圾袋。」

父親因心肌梗塞突然離世。在父親的靈堂，只有自己一家人，連半個朋友也沒有來。沒有人，沒有物。她不禁心想，他彷彿擁有家人，但，真的嗎？

她忽然覺得，原來自己從來都不認識父親。她記得，父親離世後，她去替父母補領結婚證書，當年父親二十八歲，母親二十三歲。那麼親，卻又彷彿是兩個陌生的人。

父親過世後約半年，她前來找我，說不知怎的，突然很想念父親。之前明明在辦喪事、收拾遺物、照顧因抑鬱而在看精神科的母親時，都沒有甚麼大的悲傷。甚至乎，她連想都沒想過，自己原來會想念父親。

自個案出生以來，從她眼中母親看父親的樣子，都是一臉嫌棄。父母雖然沒有離異，仍住在一起，然而母親總是常常外出，大家都心知肚明，這些年來她有不同的伴侶。母親也會常常帶朋友回來，嬉笑玩樂，這些熱鬧得令人煩厭的回憶，和現實中父親那冷清得太過份的房間，形成一個強烈的對比。

也許因為如此，個案從小到大都不喜歡父親，常聽見母親嫌父親做清潔倒垃圾回來又髒又臭的聲音，聽見母親說父親沒出色賺不到錢的聲音，聽見母親不停地罵父親而父親卻一直沉默不語的聲音。

父親一天打兩份工，白天在辦公室做跑腿，晚上在大廈倒垃圾。每當說起父親的個性，個案總是帶着一種疑惑又出神的眼神，既遙遠又渴望親近。她總說：「我很想學到他的簡單和無慾無求。」她說父親是個很簡單、很簡單的人，活得很知足，甚至乎，有一種淡淡然的快樂。她不明白，為何父親會感到快樂呢？像他那麼的一個人，一輩子那麼的辛勞，在垃圾堆中匍匐，沒有自尊，被妻子看不起，被子女迴避，又怎麼會快樂？

那一種快樂和滿足，不是一般人理解中的快樂。

「他甚麼都沒有，為甚麼可以做到簡單快樂？」

她最近做了一個夢。

我和父親二人在茶餐廳，我坐在父親對面。父親一直在低頭吃着東西，二人沒有說很多話。我看着父親，覺得他很開心。

我就是這樣看着他，很開心地在吃東西。

我問她：「這個夢，給你有甚麼感覺？」

她微笑說：「很簡單，很舒服。」

我問她：「你覺得，小時候父親看着你吃東西時，也會是這樣的感覺嗎？」

她呆了一呆。忽地出神，在回想某些遺忘已久的回憶。那些，她心知肚明卻埋藏在記憶深處的簡單快樂。

沉默。密封的房間忽爾輕輕的掠過一陣近乎難以察覺的微風，恍如河床深處的東西在騷動。

我嘗試從她內心深處，喚醒一些久遠的、忘懷了的感覺：「從父親的遺物中，你看到了甚麼？」

她若有所思地說：「他的東西很少……離世時身上戴着的都是我和哥哥送的東西……」

我說：「你爸爸，最疼愛的人，是你啊。」

她呆了一呆，然後彷彿明瞭了，臉上綻放出一個由心而發的、充滿光彩的笑容，瞬間哭成淚人。就像那潛藏在海底深處千年的花，在某個時刻終於得到滋養，綻放得異常漂亮，連海面上都浮盪着一片異彩。

父親寥寥可數的十件遺物中，和女兒相關的，佔了四件。

當一個人甚麼都沒有，他所擁有的唯一，就是最單純的愛，也是生命中最簡單、最無私、最不可思議的生命意義，以及快樂的源頭。

我說：「你父親的知足，父親這麼辛苦地工作，乃是為了養大你和你哥哥啊。

他也許不懂表達，然而他卻默然地，就這樣活着。」

她低頭疑惑地說：「也許吧。」

人，內心的意願越簡單，生活就越簡單。人，內心的愛越單純，快樂便越單純。

過了一周，她回來說做了另一個夢：

爸爸在我和丈夫家中的客廳，他看去很健碩、很年輕，他問我他到底是否真的死了？我說是啊。然後我還說：「你就當休息一下啦，難道又想上班嗎！」

爸爸說：「我一直上班只是想『捱』大你們。」我聽見他這樣說，好想哭，爸爸叫我想哭就哭，不要忍，說：「我見到你雙眼都紅了，還忍……」我上前把他緊緊抱住，不斷說多謝、多謝、多謝……然後便醒來了。醒來之後，還哭了一大場。

我說：「你記得，上一周我跟你說，爸爸是為了養大你和哥哥才甘願這樣過日子吧？」

我調侃她：「但上周你還是不相信。所以做了這個夢。」

她破涕為笑說：「是爸爸自己來跟我說的嗎？」

我說：「你覺得呢？」

她說：「『捱』這個字，是爸爸經常說的。他總是說，甚麼事都好，捱着捱着就過了。」

我默然微笑不語。

她離開後，我看着小小的輔導室外，那俯瞰着許許多多建築物的天空，那麼的廣闊無垠。彷彿在看着人們心裏的潛意識，同樣像神靈俯瞰着大地一樣，總是帶着一份超然的愛。看似多麼的殘酷，卻又那麼深遠溫柔。

最怕，空氣突然安靜

她醒來（其實仍在夢中），思念着那個人，打開手機，思索着要發一張怎樣的圖片、寫怎樣的訊息他才會看？他也許會留言？她輾轉在床上很久，今天是假期，可以賴床。但她又覺得，這樣浪費時間在一個不知還對她有沒有興趣的人身上，是否很傻？為了發一個帖，躺在床上數小時，發出了訊息或許仍然徒勞無功。

她餓了，起床，如常地做一些家務。

在抹地板的時候，她踏到一點東西，原來地上有一小顆小狗的大便。幸好那大便早已乾涸，硬硬的，也不覺得髒。她天天清理小狗的大小二便，覺得狗兒的糞便比人類的乾淨多了，狗兒的感情也比人類的忠誠多了。不過清理大便仍然是件麻煩的事。

她一直收拾，在抹地板的時候，忽然感覺到有點異樣。

一片突如其來的寂靜。

這靜，有點不尋常，但就是很靜。好像空氣中瀰漫着的東西不見了。

她思索着這點不尋常的靜，感受着，但完全不知道發生了甚麼事。空氣忽地變得好乾淨。她打開窗，難得的炎夏竟然有風。但風吹來的清涼，仍及不上空氣中的那一份乾淨。

她打算拿錢包去吃飯，打開床邊的抽屜，驀然憶起，今早自己已在床上拿着手機很久。

她驀然發現，由剛才空氣突然安靜的那刻開始，她沒有想起過那個人。她早上濃烈的思念、憂傷的愁緒、忐忑的心情，突然……徹底消失。連那糾纏着想發 post 的慾望，也彷彿不曾存在過。她就只是簡簡單單地過活，專心做着家務，偶爾想想午餐吃甚麼，有甚麼事情打算今天去辦，完全沒有意欲去碰手機……和平時不一樣，平時他的影子像無處不在地，在她的思緒中不停浮現，但現在，他在自己的腦袋中，卻變成了一個帶點陌生又有點遙遠的身影。

你有沒有試過這樣的感覺？某天醒來，生活如常、一切如常，心中彷彿無甚罣礙。然而某一刻，你忽然記起，那個曾經叫你魂牽夢縈、肝腸寸斷的人，你覺得很奇怪，咦？不知何時開始，他/她好像在你生活中消失了、在你的腦海中消失了、在你的世界中消失了。剩下一些淡淡泊泊的回憶，感覺卻已不再顯得濃烈。

你從時刻想着對方的世界，突然轉換到只剩下自己的世界。

以前那人一旦傷風感冒、沒有回覆訊息，你就緊張得不得了，怕對方出了甚麼事。現在，你覺得他有甚麼三長兩短，也不關你甚麼事。

以前，是你和他的人生，現在，他是他的人生，你是你的人生。

你曾經以為，沒有他你會活不下去；現在發現，原來沒有他，你還是活得好好的。

我們總以為放下，是一輩子的事；但有些時候，放下，是一瞬間的事。放下是在心中放下了一千遍、一萬遍之後，像樹上成熟了的花果，突然掉落地上的那一瞬間。啊，脫離了。

那果實的種子，就此長埋在泥土裏，或飄到其他地方。然後長出新芽，開始另一趟的輪迴。而那曾經在夜裏呢喃過的思念，在這棵大樹的記憶深處仍在。長出的每一道枝葉、每一朵花、結的每一個果實，都在最深深處印記着。在那葉子長大的時候，那花綻放的時候，你閉上雙眼，彷彿仍能嗅得出那段時日的思念，那早已遺忘了卻仍在記憶深處的甜美與苦澀。

就像那些曾經在你生命中叫你朝思暮想的人，你多年後某天憶起，會奇怪這個人原來曾經在你生命中出現過，而你早就不再想念他了。你早就脫離了那痛苦，你早就適應了自己的新生活，或許，你早就騰出了內心的空間，愛過另外的人們。

他，曾無時無刻都在你的呼吸之中，但突然從某一刻開始，他不再活在你呼吸的空氣之中。

人是因為無聊才會談戀愛嗎？

她把弄着手指頭說：「人們是不是因為無聊才會談戀愛的？」

她在問一個很深的哲學題、人生課題、心理問題。

我說：「每個人都不一樣的啊，你覺得呢？」

「我覺得我是。」她說。「我的人生沒有目標，有時我覺得，我不找個人愛上，我會憋死。」

「我同意。」我托着下巴說。她白了我一眼。

「所以你覺得我沒救了啊？」她說。

「可以這麼說。」我說。她露出一副不可置信的表情。

「不行，你要救我。」她說。

一個人，要被人救，先要有致命的危機感。

「你覺得你這樣的狀態有問題嗎？我倒覺得你蠻享受的。」我說。

她看着空氣說：「一點點吧，辛苦的時候就會覺得不妥。」

「對啊，愛一個人好辛苦的。不過你愛的是愛上一個人的那種辛苦感。」我說。

她瞇着眼思索我這句話的意思，然後點點頭說：「也對。」

她其實是一個頗聰明的女孩子。

「不過你怎麼會這樣覺得呢？我也很愛戀愛時在一起的感覺啊。」她說。

「得到之後，你通常不夠半年就會生出不同的理由，把人家甩了，或讓人家把你甩了。」我說。

她側着頭思索，然後點點頭說：「也對。」

「那我該怎麼辦啊？」她問。

我瞇着眼看她：「認真地談一段戀愛吧。」

她反駁：「我每一段戀愛都很認真的！」

我心想哪有啊？

我說：「那叫 attachment（依附）。」

即是說所謂的愛上一個人，無法自拔地想念一個人，總是想得到那個人的注意及關心等等這些行為，其實是一種心理上的情感依附模式。正如一開始所言，因為她的人生沒有方向、沒有目標、沒有甚麼成功感，因此「得到一段戀愛」，彷彿就是一種化學作用，讓她擁有一種「靠努力便能得到幸運」的感覺，讓她感受到自愛與被愛的感覺。**因此，她愛上的是愛上一個人時那種得到與得不到之間的存在感**，而不是愛上那一個人。

她吸一口氣地說：「那你幫我解除這種 attachment 吧。」

我說：「那你認真地單身過一段日子吧。」

她轉頭盯着我，不可置信的樣子。

我知道她想說甚麼，故搶先說：「不是我說的，是你的潛意識跟你說的。」

她把那連珠反駁的話吞回肚子裏去。像夢中那突然安靜的空氣般，突然安靜下來。

這就是夢的力量。

我說：「你記得在夢中，那簡單的、沒有多餘思慮的生活日常嗎？」

她點了點頭。

我說：「你覺得那種生活怎樣？」

她輕輕地說：「很安靜。」

空氣中，也瀰漫着一種安靜。

我說：「這是你渴望的、安靜的生活吧？」
她點了點頭。
我說：「這是你來找我的原因啊。」（我的名字，叫安靜）
她笑了笑，不語。

一個永遠沒人來取的茶記A餐

在茶餐廳取餐的桌子上，有一份早餐A。這份早餐已涼了，放着一個多小時，仍沒有人來取。客人用線上系統付款，留的電話也打不通。每隔一陣子，便會有把熟悉的聲音致電叫早餐外賣，每次都是早餐A，熱檸茶。有次伙計跟他説，上幾次你沒來取早餐啊。客人説：「啊，之後會有人來取的，我幫朋友買。」

望着桌子上那孤伶伶的、早已涼了的茶記A餐，伙計心中一片悵然，有種淒涼。他知道，這早餐是為某個人而叫的，然而那個人，卻不知道有人替她訂了這一份早餐。

他說：「我今天早上，做了這樣的一個夢。」

我問：「那，你是訂餐的客人、那不知道有人為自己準備了早餐的人，還是那伙計？」

他低着頭，沉默了一會。

他說：「我……買了很多東西給她，但都沒有送出。」

「啊，原來是訂餐的客人。」我心想。

他若有所思地說：「我們周年紀念日，我一個人和她吃了頓飯，買了禮物給她和自己，買了花，我去慶祝……」

「卻只有一個人。」我說。

「我還弄了一個網頁，當作我們周年的慶祝禮物給她，她很喜歡電子和圖像的東西，總是說買東西浪費金錢，所以我很用心做了一個網頁，放了我們二人相愛的日常，我打算送給她，給她一個驚喜……」

「可是卻沒辦法送出去。」我彷彿是那茶記伙計，看着這些涼了的心意，內心一陣悵然。

愛人已經過世了，那麼的突如其來。男生也早有自己的生活，往事彷彿已像過眼雲煙。然而，在他的夢中，在他內心深處，總覺得她仍活着。她還是那個傻傻的冒失鬼，顧着工作忘了吃早餐。她仍然會因為那麼的一點小禮物，而開心得整個跳起來，她仍然會笑，她仍然會哭，她仍然還被寵愛着。

他說，她總是未到午飯便喊餓，她總是感冒，總是不懂得好好照顧自己。她出事之前，他曾陪她到公司樓下的茶記，她總是吃A餐。後來，個案工作忙了，不能常陪她去吃早餐，便會先叫一個早餐外賣，讓她去取。

彷彿有天，她會回來，她仍然是那個忘了吃早餐的冒失鬼，她會在未到午飯便喊餓。彷彿，她會去取那茶記A餐。

人生中的愧疚

做這夢的前一天晚上，他決心要放下這段感情。他知道自己一直放不下太多，他知道自己不甘心，二人曾經多麼的努力要在一起，多麼的珍惜。但上天總是太過份，越珍惜，越強迫你要放棄。

有時我們真的無法明白，甚麼叫做上天的愛和祝福，甚麼叫做所有苦難都是天賜的禮物。因為有時，那些痛，太痛了。明明那麼相愛的兩個人，為甚麼忍心把他們拆散？

就算自己多麼的不成熟，多麼的幼稚，曾經多麼的傷害過別人，難道就需要被懲罰到這個地步嗎？

「你……曾狠狠地傷害過別人嗎？」我試探地問。

「唔……太年輕嘛。」他顧左右而言他。

「說來聽聽。」我說。他的語氣，像別人的惡夢。

年輕的時候，他有一班非常要好的朋友。那年代的孩子，打架、霸凌是常事。他和那些朋友經常欺負班上某個特別懦弱的同學，把他的東西偷偷藏起來、在他的書本上塗鴉、把他買的飲品倒在他身上，嘲笑、欺凌、怒罵……

他曾聽說，那同學有抑鬱和焦慮症，但他還是小孩子，又沒大人教，當然聽聽就如耳邊風。

某天，同學沒有再回來上課了。

大家都不知道原因，有傳言說他病重入院，有傳言說他移了民，有傳言說他自殺了。有次他去問老師，為何那位同學不回來上課了？老師紅着眼眶說：「做了壞事的人，將來會有報應的。」

他心虛，不知老師是不是在說自己。

每天早上，他都看見同學的桌上，有人放了一份三文治。即使那同學早不再回來上課了。

他很疑惑，人都不在了，為甚麼還會有人給這位同學買一份三文治？

他去問那位買三文治的同學，同學說：「因為我想念他。他可能因為以為沒有人想念他，所以不回來了。」

同學說：「我想他知道我想念他。」

他覺得很困惑，說：「人家說他死了。」

同學說：「死了也會知道的。」

是懲罰，還是禮物？

我問：「你對於那一位同學，有感到愧疚嗎？」

他也說得很坦白：「當年沒有的，也不懂自己傷害了別人。反而，對老師那一句『會有報應』的說話，更覺得害怕。」

我問：「那現在呢？」

他說：「長大了當然會有啊。但我已很多很多年，都沒有想起這位同學了。偶然看到一些新聞、聽見一些學生的故事時，會閃過這件事，但其實這麼多年來都沒有困擾過我。」

我說：「你以為沒有。」

他向我投以詢問的目光。

「你不是記得，那一句報應的話嗎？」我說：「植根在心底深處的自責，總有天會在人生中浮現的。」

我續說：「連同那些你當年尚懵然不知的痛苦和愛。」

他呆望着我，彷彿覺知到某些生命的智慧。

「你夢中的茶記A餐，不是和同學桌上的早餐三文治很相似嗎？還有那思念，那傻傻地為那去世的人所做的事，那希冀，那盼待，那無法放下的心情。」我悠悠地說。

他眼眶紅了，一瞬間，彷彿蒼老了許多。但在我眼中，是終於成長了。

我們總是問上天，為何要對自己那麼殘忍？為何要硬生生地拆散兩個相愛的人？然後午夜夢迴，忽爾輾轉憶起，當年曾多麼年少無知的自己，原來也曾像上天一樣，霸凌過別人；也曾被那些叫人迷惑的感情，縈繞過內心。

所有生命中種下的根，待到某天，原來都會發芽、成長。

這究竟是懲罰、報應嗎？

我倒覺得，這是上天的一份愛和憐憫。

第四章

可逆轉的命運，不可抗逆的命運

CHAPTER 4

持久的解決之道來自於上天的旨意與恩惠，而非來自心理治療的技巧。

體驗到這一點的人會在剎那間意識到，他們和超越自身權力和力量的強大力量保持接觸並和諧一致。

我的工作便是嘗試幫助人們與這股強大力量保持和諧一致。我感受到自己被這股力量所指引，並對之順從。這使得某種強大於我的力量通過我而對其他人有所幫助。

海寧格

我有一位朋友，她說她年輕時曾有一位男友，男友像先知似的，一早便預告了自己死亡的年歲，在此之後，已安排好後事、財產的分配，以及一個給她訴苦的電郵地址，讓她在痛苦的夜裏，失去他之後，能有一個仍能跟他說話的地方。

結果，恍如電影的橋段一般，男友竟然真如自己所說，四十歲時心臟病發離世。

而男友的父親、祖父，也是在四十歲時心臟病發猝死的。聽來好像不可思議的天方夜譚，但其實，人生之中，有許許多多的故事，聽來多麼荒謬與難以置信的故事，天天都在上演。

有時我思忖，這些生命假如在活着之時，能明白潛意識，也許不會那麼悲慘，而我朋友往後的人生，也不會那麼痛苦。

朋友說，男友在生時常常說：「我知道自己會在四十歲時死掉，因為我爸和爺爺都無法避過這一劫。」

我們常說：「當你深信一樣東西，它就會如你所信般發生。」潛意識的運作，是當你越在乎，越着緊，擁有越強大的信念，它就會帶領你往那個方向走，無論是幸福快樂，還是衰敗滅亡。甚至乎有時我覺得，所謂的詛咒，是家庭、家族中世世代代的一份執念，一種過度的自我催眠，一種從小便植根在潛意識深處的不幸信念。

我有一位個案，她最害怕的，除了是交不到一個可以跟她結婚生孩子、組織家庭的男朋友外，就是三十九歲。她母親在三十九歲那年病逝，而她，也快到這個年紀了。她從小便覺得，自己也會在三十九歲那年死去。

三十八歲那年，她不斷做惡夢。

夢中的她，從下體不斷流出一些紅色黏稠的東西，時鐘指着一點。她母親是子宮頸癌過世的，時鐘的一點，其實是潛意識投射出她的時間只剩一年。這夢呈現出她內心對於三十九歲的深度恐懼。然而，她卻不明所以，為甚麼我說那是她自己給自己詛咒，而不是命運。

這是由於另外的兩個夢。

這兩個夢，非常的經典。

第一個夢：

她在泰國，要殺死一個女孩，女孩頸上有個鐵圈，有一條鎖鏈繫住，但她卻無法殺死她。她心中掙扎着，真的要殺了她嗎？殺了就沒有了。但女孩卻「施施然」說：「你快點殺死我吧！」

她說以自己衝動的性格，會一下子想也不想便殺了她。然而，她卻又有猶豫，因為「殺了就沒有了」。個案內心並不想死，她還有很多心願想要達成，還渴望擁有自己的家庭、丈夫和小孩。

然而，她卻無意識地在殺死自己。

泰國，是一個很多詭異、靈異巫術的地方，一聽到詛咒，人們會想到的國家，當中一定有泰國。夢中的女孩不斷叫個案殺了她，她只是跟着做，卻不知自己為何要殺了她，而她心中彷彿仍有一點清醒、一點良知，知道「殺了就沒有了」。就如她假如這樣就死掉，便甚麼都會失去，是一條不歸路。

第二個惡夢：

> 廚房中的姑媽右手被一些東西包着，下面火爐在熊熊燃燒，手已沒有了一部分，胸前也着了火，但姑媽卻好像沒有感覺，她

很想去救她，很想把火熄掉。

姑媽，是母親離世後一直帶大個案的親人，二人的感情就像家人一樣。夢境很多時，都會用借代的身份去呈現出特別的訊息。夢中的姑母已被火傷得很重，燒到了心臟的位置，女孩很想去救她，但沒有去救，夢已完了。

也許女孩小時候曾很渴望自己能拯救被重病折磨、最後離世的母親。在家庭系統排列的理論中，孩子會為了忠於對父母的愛（即使那是潛意識的愛），而不自覺地步上父母的後塵。

這幾個夢，呈現出當事人渴望能夠拯救最愛的母親，對母親離世似乎有一種詛咒般的恐懼，以及她內心有一把像被下了詛咒的聲音，叫她殺了自己。而其實，那可能不過是想救贖母親而無法做到的一份罪疚與忠誠。

人的潛意識世界本來就很複雜，當中有愛、有恐懼、有不知所措，甚至乎那些最大的厄運，彷彿是愛與殘酷的混合物。然而，難道我們只有認命的一條路可以行？

我只知道，經過治療後，女孩便沒有再發那些可怖的惡夢，不久便和一個男孩談戀愛了，她多年來遇上不少渣男，已很久沒有感受過平常人那些小幸福中的感動。那天，她給我傳來一個訊息，說自己做了一個夢，夢中和男孩去旅行，度過了一些經歷，她說，她一直以為自己想要金錢、想要很多東西，但原來她只不過想要一盆花而已。那個周末，男孩送了她一盆植物，她內心觸動得哭成淚人。

三十九歲那年，她的家庭遇上難以置信的財務糾紛，親人紛紛走難，而她，也許是不幸中之大幸，所受到的波及與影響，遠遠低於其他親人。

這種劫後餘生，彷彿恰好對應了她潛意識中，原本那大難臨頭的設定。當事人也許並不明白，這次災劫對她來說具有多麼重大的意義，劫難雖然似乎和詛咒般的死亡無關，但大難不死，這四隻字，總在我腦中縈繞。

「必有後福。」我心裏暗暗祝福。

就像某些患上重症的病人，他們即使明白及相信，只要修復了內心創傷之後，自己的疾病就會大幅好轉，然而很多時他們還是會忍不住做一個小手術，來迎合自己未能百分之一百相信的部分。就像一個儀式，當做完了，就一切都好了。

女孩三十九歲的人生大關，即使潛意識最重要的部分已被轉化，然而還是無法阻止苦難的出現。這是很複雜的業力問題，還有潛意識的強大基礎設定，而我，只是在能看得見的轉捩點中協助她而已。我並沒有逆天之能，能逆轉命運的，只有當事人。

她是一個很可愛的女孩，是一個值得被愛及擁有幸福的女孩。祝願她在經歷過這些苦難之後，迎來的，是陽光美好的幸福日子吧。

不可抗逆的命運

人生幾許匆匆，擁有時那麼的平常，以為不會在乎，直至失去了，才知道痛。

她是一個音樂家，有酗酒的問題已數年。浪漫的人們總是以為喝醉酒彈琴會特別有感覺，會誤以為一個音樂家，也許是為了追逐無盡的、指尖在鍵盤上飛馳的快感及領域，才會不斷讓自己墮入這種迷眩的高峰。

但她卻說：「其實我一點都不享受酗酒，我喝醉時會失控，我只會『斷片』（失去記憶），不斷傳訊息給別人。」她曾經一夜之間傳了很多訊息去罵一位好朋友，之後非常後悔，去了 AA（Alcoholics Anonymous，匿名戒酒會）戒酒。回來香港後，酗酒問題仍然繼續，每天要喝上超過一公升，甚至更多的紅酒。

「我回香港的時候，就是酗酒最嚴重的時候。」她低着頭說。

我總是會在心裏問：「為甚麼是酒？」

為甚麼不是煙？不是賭？不是性？不是毒？而是酒？

每一樣成癮的東西背後，都有一個隱藏的機制。一個隱藏的、在生命中可能不經意卻又深刻的因由。

我沒有問她為甚麼酗酒，我問她：「你是從何時開始喝酒的？」

她說：「那時候我才讀完大學，在酒吧認識了一個男朋友，但在一起之後才發現對方是有婦之夫。」她有點皺眉，像勉強地去記起一段早已遺忘的回憶：「那段時間，我也有酗酒的問題。」

「啊，那是快樂與痛苦的源頭，酒，也是美麗與心疼的混合物吧。」我心想。

「你跟北歐的男友，很快樂，也很痛苦，是嗎？」我輕輕的問。

她眼眶瞬間轉紅，她說過，上一段感情在北歐某國。她娓娓道出他們一起建立的小居、一起表演的快樂、一起追逐夢想的美好，還有一起生活的煩惱、爭執、暴戾與傷害。還有面對前路時，那種迷惘與不知所措。

她做了一個很不開心的夢，夢的場景明明沒甚麼特別，但醒來時，卻有一種強烈的、悲傷和失落的情緒。

我準備離開香港，但總是遇上很多阻滯，我不斷買機票、買車票想回去某個國家，但一直都買不到。

我帶領她進入催眠狀態，逐漸，迷糊的思緒、混亂的情緒中浮現出一個畫面，那是一段她刻骨銘心，卻被重重壓抑了的回憶。畫面中，女子身在機場，那是當年她最後離開時的場景。當時他們二人對將來還有盼望，想移居外國，只是女子先行。然而二人的對話，卻恍如生離死別的台詞，她跟他說：「你要做一個好的音樂家啊。」他跟她說：「你也不要放棄音樂啊。」

轉身入閘的那一刻，她不斷跟自己說：「別回頭看，一直向前走吧。」然而，她還是回頭了。

一回頭，情緒就爆發。她想追上去，跟他說自己不走了，但她已入了閘，一切已不能回頭。

她呆若木雞地說：「我跪在地上哭了好久，上到飛機，我還是一直哭着，一直哭着。」

彷彿就像潛意識在跟她說，這次離別，就是永遠。

離開了不久，男友就交上了新女友。二人和好、復合，最後還是無法挽留。而那次機場的道別，就是他們最後的一次見面。

我幫助她療癒這場景中的傷口，讓她明白到那刻分開，其實是無可避免的。時間已過了那麼久，現在回頭看，結局其實早已寫好，只是自己一直無法放下、無法釋懷，明知不該回頭卻還是渴望回到過去。

從那時開始，她酗酒的問題日漸好轉起來，她仍會喝酒，但已開始討厭喝醉，份量也比剛來的時候大幅減輕了六、七倍。她說，她一直都對自己太苛刻，連感情方面其實都很苛刻。她最近彈琴，像有一點點開了竅的感覺。以她這種音樂家的級數，能夠有一點點的開竅感，也許已是別人一輩子無法達到的高度。她說，她現在終於能夠感謝男友了，往後她的人生中，會對自己溫柔一點。

人生之中，總是有些時刻，人們的說話、情緒和現實似乎出現了一種莫名其妙的落差。**彷彿有種預感，某種無法改變的將來即將來臨**。有時我覺得，假如我們能早些洞悉這些時刻，明白到命運正在往後的人生中不可逆轉地運行，那麼我們會早些釋懷，少很多痛苦。

然而我們更清楚地明白到，身在情感的囹圄之中，過往那些美麗的感動，又豈是那麼容易便能夠放棄。

參得透和做得到，那是兩回事吧。

甚至乎，在前來的個案身上，有些苦難，很明顯地看得出即將要發生，然而，這種苦難卻是為了更美好的將來而鋪墊的一劑苦口良藥。風水和五行術數，總是教人趨吉避凶，然而，我卻總是教人坦然面對，及接納自己生命中該發生的痛。

因為人生本來就沒有單純的一帆風順，除了有些人，膚淺得相信可以無風無浪地過一生。而往往這些人，結果會沉悶得患上抑鬱。

能享受簡單平淡的人，和膚淺地以為人生不用經歷苦難的人，他們所站的空間和維度，是絕對不一樣的。

智慧，是由痛苦、磨練中提煉出來的。過了人生的關口，他日回頭，輕舟已過萬重山。但若沒有當年的歷練，一切都不會顯得那麼明明白白。因此，人生的苦難彷彿是在電動遊戲中不斷打怪升級的機制，只一味避開怪獸不打，是不會有能力打倒 boss 的。

在潛意識中被湮滅了的「正常」

夢境從來都不騙人。作為心理治療師，個案們前來時，都對我有一份尊重，甚至敬畏，因此在治療的過程中，一般都表現得「比較正常」，因為當我表示他們「正常」時，對他們彷彿是一種救贖，也彷彿是一種奇異的安慰。

因為覺得自己「不太正常」，所以前來治療，目的就是讓自己「正常」一點。當然，那些覺得自己很「正常」的人們，就算身邊人覺得他們多麼「不正常」，我們也是無法幫助的。例如有一位破產的太太前來時，一直打量着我桌上的木製溫茶器，表示她一直想買一套這樣的溫茶器和茶壺。她身患致命疾病，卻絲毫沒有危機意識，表示覺得自己「一切正常」，因為子女擔憂才前來「見見」我。

正如網絡上常見的金句：「你永遠無法叫醒一個裝睡的人。」不過，在我的世界，有些人，其實不是裝睡，而是真的在潛意識中被湮沒了。

《榮格自傳》中，榮格曾提到一個很特別的個案。他說對於所謂的「正常」，有過令人瞠目結舌的經驗。有次他的老同事介紹他認識了一位看似完全「正常」的學者，他也是醫生，成就頗佳，有一個正常的妻子和幾個正常的孩子，住在一個正常的小鎮內正常的小房子，有正常的收入和正常的飲食，過着正常不過的人生。他想當一個精神分析師，榮格告訴他：「那麼你就要先學會懂得自己，因為你自己就是工具，故此需要先接受精神分析。」

然而這位學者卻表示自己沒有問題，也沒有東西可以說。

相信業內有些資歷的朋友已經意識到有點不妥了。一個覺得自己沒有問題的人，卻想當上精神分析師，這問題可大了。

榮格當然心裏有數，於是他建議學者談談自己的夢。但學者卻連夢也沒有。

過了一段時間，學者終於做了一個印象深刻的夢。

他夢見自己坐火車去旅行，到了一個不知名的城市，好奇想參觀便下車，往市中心走去，在那裏發現一座像是中世紀市政廳的建築物。進入到長長的走廊亂逛，看到漂亮的房間，牆上掛着古畫，到處擺放着名貴的古董。

突然他覺得天黑了，心想要回到火車站，但這時他迷路了，不知門口在哪。他忽地驚覺，整幢建築物一個人也沒有，感到不安，加快腳步渴望見到人，但都沒有。他走到一扇大門前，心想這裏應是出口了，怎知打開門卻是一個又大又黑的房間，大得連對面的牆也看不到。

他跑過這房間想找出口，怎知在正中央，卻見地上有團白色的東西。他走近看，竟見是個兩歲大的白癡小孩，正坐在自己的尿上，弄得滿地都是屎尿。這時他大喊一聲醒來，嚇得心裏砰砰亂跳。

榮格表示：「我不得不承認，當我竭力把他引出夢境時自己全身冒汗，只得向他解釋夢沒甚麼害處，極力掩飾所有有害的細節。」

榮格表示，這個夢顯而易見，學者是一個隱性精神病（latent psychoses）患者，那房間中央的兩歲小孩就是他自己。這位學者生命中的種種「正常」，就是和這「不正常」所對應出來的互補機制。而差一點，這人就會發病。因此最後榮格找了一個令兩個人都滿意的藉口來結束分析，而那學者也明顯感受到自己身處恐慌邊緣，以後都不敢去打擾他的潛意識了。

當我接觸不同的個案及學生時，總不時發現有些人表面看來很「正常」，但其所發的夢卻「特別不正常」，很顯然有另外一副不為人知的面貌。例如我認識的一位朋友，平時朝九晚六，有一份正常的辦公室工作，一個正常的家庭，一班正常的朋友，然而他的夢卻總是許多鬼怪與殺人的場景，原來他非常着迷血腥暴力的遊戲和電影，甚至乎會參加他們的聚會和群組，和當中的人發生混亂的關係。

夢，就是如此赤裸的將一個人真實及極力隱藏的部分，毫不留情地呈現。當然，作為治療師，當我們遇上這些個案時，反而需要額外的小心，因為這些隱藏的面貌，很有可能令當事人感到被冒犯，甚至會作出攻擊。這也是我多年來在心理治療中學懂的「專業技能」:「知道的，不一定要說出口。」

每個人都有自己的人生，他們要怎樣過日子，是他們的自由。他們也渴望保有自己的私隱與秘密。我們作為專業人士，永遠是案主為優，並不是自以為是地去說些或做些自己以為對對方好的東西，而是順着對方的生命，讓他們理解他們想理解的部分。至於要不要變好，那也是他們自己的人生。

人生，是一場夢嗎？

假如人生只是一場又一場的戲碼，我們為何還有夢？

年紀越大，越不喜歡寫些殘酷的故事。很多讀者，讀到某朋友傷心的段落，會很有共鳴，然而對於寫這些故事的我來說，有時其實不想說太多。也許因為見得太多，所以總是覺得，既然那些悲傷痛苦都已成過去了，就不如別再提起了吧。

我們的世界，是一個很喜歡反芻痛苦的世界。有些人、有些事，明明都不值一提了，明明都忘懷了，明明都已向前行了，怎麼還要回頭呢？

有位女生前來。她問我說：「其實人生也是一場夢嗎？那些不開心的事可以當作做了一場夢，醒來就放下了嗎？」

她在問一個很難回答的哲學題。

在心理療癒上，過去的痛會成為心結，好好處理好情緒才放下，未來會好很多；然而，對絕大部分的人，那些心結就像傷口結的痂，要些時日乾掉了才能剝落；當那些傷口尚未痊癒，我們只能「處理傷口」，讓它好得快些，避免後患；但絕對做不到即時便好起來。

香港人很心急，總是覺得心中的痛苦，看看心理治療便很快好；然而，那真的要視乎是甚麼痛苦，現在經歷着的，除非環境徹底轉變，否則只能強化力量、學習轉換思想、轉化過往創傷等等，然而每天仍然承受着傷害的話，傷口又怎會好得快呢。

人生，是一場夢嗎？

正如《金剛經》中所說，一切如夢幻泡影，如露亦如電。當經歷了許多之後，我們才方明瞭，人生之中遇過的不同人、事、物，都終歸有它完結的一天，包括自己的消亡。愛過的人、疼過的心、恨過的傷心、笑過的甜蜜。在某天，你會忽然發現，啊，原來已經開始遠去了。

當時間一直流逝，當你一直向前行，那些曾經縈繞在你心頭的，某天回頭，已是百年身。

而我所見到的那些痛苦的人們，往往都是被生命之流推動着，該離開的沒有讓它離開，還捉緊不肯放手的人。

《尚氣》

很久沒有去戲院看戲了，去看《尚氣》是為了支持梁朝偉，同時想看看他那精湛的演技。《尚氣》中有一幕令我印象深刻，就是當尚氣兄妹等人進入竹林時，那無頭像雞翼一般的異獸（《山海經》中的神獸「帝江」）說：「讓車子維持在那袋子之中。」

已被竹林迫得快崩潰的駕車者一頭霧水，但當鏡頭一往上拉，由天空向下望，才明白原來唯一的生路就是按着竹林的變化，持續在那袋子一樣的空隙中前行，否則便會被前後的竹林夾死。

而這，和人生不就很相似麼？

這就是時間的力量，也是時間的智慧。因為有時間，我們才能成長，才能變得更好。因為有時間，我們才能知道原來過去哪些東西我們有多珍惜，自己又有多愚蠢沒有好好珍惜，或有多傻地其實可以做得更好，因為知道，所以我們才會真正地學懂珍惜。

沒有放手的人們、痛苦的人們，其實並沒有錯。只是他們並不知道，人生流動的力量比一切的力量還要強大。我們必須要認知，唯有接納，唯有按着現時生命的軌跡在路上前進，才有活路。

前來治療的人們，生命中都必定經歷着一些痛苦。

有位女生做了一個夢，她現實生活中是位第三者，想處理和男友的問題，當然希望能讓他完全忠於自己。

她在夢中去中環，要過馬路，路封住了；行了很久，但路還是封住。她去找治療師幫忙，治療師帶她去找某位醫生，說那醫生才能幫忙；怎知在等醫生的時候，醫生離開了；她偷看了醫生的電話號碼，致電給醫生，醫生卻在做電台節目，不是他接電話，而當她在等的時候，父親來叫她吃飯，唯有掛線。

無論是夢還是人生，我們總是會遇到處處碰壁的時候。女生說，她平時出門坐車都會預留充足時間，但從那一天開始，她忽然甚麼車都上不到，不是沒有車、追不到巴士、被事情阻礙了無法準時出門，就是連攔的士也被人搶走。她覺得很不妥，而過不了幾天，她男友平白無端說要分手，女生無論怎麼做都無法挽回。

有時候，人生的努力，敵不過業力。上面的女生，是一個非常有幹勁、不肯向生命低頭的人，但夢給了她訊息——路不通行。她還是不死心，做了很多事情，正如她在夢中去找治療師，找到能救她的醫生，但醫生卻像命運安排似的和她擦身而過，即使找到了能救她的人，但命運不容許，那也是不可能。

夢和潛意識，教懂了我很多和業力有關的事。古語有云「閻王要你三更死，誰可留人到五更」，就是說上天有命，我們只能臣服。而這些所謂的障礙，其實背後可能是另一種機遇的重要成份。上天的安排總有深意，多相信，人生可能會過得更容易。

後來，女孩子沒有再找男友一段時間，她也決定放下了，不再和對方聯絡。怎知道有天相約朋友上街，出現的卻是男友。人生的路峰迴路轉，那些無法前行的關口，那些似乎是人生的障礙，原來都是出口。

就像《尚氣》中那竹林的袋子，路不通行時不要勉強往前進，否則只會遭殃；在要轉彎時即使路看似不通，原來只是當時尚未看見而已。該放下的放下，該轉彎時毫不猶疑，一直在那特別張開的空隙中前行，即使無法看清前路，甚至乎不知道還會否有路，但在某一刻，一切便會豁然開朗。

我們的潛意識和夢，其實告訴了我們很多狀況，只要我們用心聆聽，便可以讓很多值得珍惜的感情，不會成為生命中的遺憾。

縱然某天回首，「此情可待成追憶，只是當時已惘然。」也能清晰地覺察到，啊，原來是真的，這樣的安排，就是最好。

第五章

CHAPTER 5

夢是神靈的慈悲

你，睡得可安好？

睡眠的階段分為 REM 及 NREM，即快速眼動期及非快速眼動期。REM 的階段中，眼皮下的眼球會急速轉動，腦部活躍，若這段時間把人推醒，超過八成都會說在做夢。而在 NREM 的期間，腦部會進入又寬又廣的慢波睡眠，也就是深度睡眠，很少做夢。

兩個睡眠階段都十分重要，REM 似乎和情緒、把記憶去蕪存菁有關，NREM 則和腦力復原、鞏固記憶、提升免疫力等有關。

香港人很多都只做到淺眠，每天只睡上五六小時，其實對於情緒及大腦疲勞的復原都有負面影響。

我的客人很多都有失眠問題，失眠會導致情緒不穩、專注力下降、易怒、抑鬱、焦慮、失去動力等，嚴重者更會出現幻覺、妄想或精神錯亂。

記得有一位個案，由於居住的地區半夜也有很多人活動，居住的樓層亦很矮，故睡覺時長期被街外的車聲及人聲吵醒。她前來時表示自己記性總是很差，專注力亦很低，填一份表格也會填錯，而且長期感到疲倦無力，覺得生命毫無意義，常常被家人責罵不長進、不改變。但她其實也很想改變，也很想做一個積極有動力的人，卻對自己的狀況感到十分無力。

我們總是會批評別人些甚麼，但卻很少深入去了解當事人，為甚麼做不到那些我們覺得理所當然的事情。責備很容易，說出口便行了，但對被責備者來說，心上所受的傷，又豈是一天兩天能夠磨滅。有些，甚至乎要背負一輩子。

生命的安排很微妙，因為疫情的關係，半夜的街上少了很多人，某次個案前來，表示自己最近積極了很多，夜裏也睡得很安穩，「不知怎的」竟然好了起來。

人生有時候，就是有比較才知道答案。之前跟她說過，她說搬遷很難，對夜間的噪音早已習慣。我無法去改變一些不想改變的人，但慶幸生命的安排，讓她明白到原來長年承受着的痛苦，根源來自沒有好好睡一覺。

到現在，街上開始人多了，她就更能覺察到，睡得不好原來會影響自己的狀態，遂思索着要搬離那個地方，在尚未找到新地方之前，她買了一些隔音棉條，把窗縫封住，令街上傳來的噪音大大減低。

人生很多事情，其實假如早些知道、早些處理，便不用白白承受那麼多個年頭。然而人就是這樣，甚麼時候學習到，也有每個人的時機。不過，只要我們還願意去相信，則無論多麼無奈與痛苦的時刻，都絕對有機會扭轉困局。抬頭看看那物換星移、花開花落，都不曾停留。歲月的流逝，是無奈，有時也是轉換情景的出口。

夢中的一首歌

「今天醒來時，我的夢在播放着一首歌，*You Are My Everything*。」她很困惑地說。

早上醒來時，發現自己在做夢很常見，然而，我還是第一次，聽見有人說「夢在播放着一首歌」。

我問她：「有任何場景、人物嗎？」

她搖搖頭：「沒有。」

我問她：「有甚麼感覺呢？」

她思索着：「就只是在聽見一首歌的感覺。但那首歌卻不是在腦袋播的，」她指了指胸口：「是在心這個位置，像海底傳來的感覺。」

我暗忖，那就不只是夢了，那應該是「潛意識在播放着一首歌」才對。

她續說：「沒有特別的感覺，睡着時這首歌在播着，但我沒有想起任何人，就像在聽着這歌，感受着這氛圍而已。」

潛意識不做無意義的事，我心想。

「醒來之後呢？」我問。

「醒來之後，我第一個想到的是男友，我們吵了大架，已冷戰了好幾個星期，瀕臨分手邊緣了。有一刻我在想，是不是他已和別人在一起，愛上別人了呢？」她說。

她說，這歌令她想起男友的一個夢。

我心中打了一個突。

我們在一個很美的度假村中，一起走着，笑着說話。很輕鬆，很自然，很舒服。場景轉換到房間內，你在我的下唇熱情地吻了一下。那感覺，好真實。

她說，這個夢是一年前男友發的，當時他們在熱戀中，男友某天醒來，很興奮地告訴她，他夢見女孩吻了他的唇一下。當時他們仍很單純，沒有任何身體接觸和親吻，女孩是男孩的初戀，所以可以說，男孩的初吻，是被夢中的女孩奪走的。

我心想，好可愛單純的孩子啊。

女孩黯然說：「當時我想到了這首歌。他說的時候，我真的想撲過去和他熱吻，感受那種和愛人接觸的身體的觸感。但可惜那時他不在身邊，於是我傳了這首歌給他。」

「當時的我們，很平凡，但很快樂。」女孩紅了眼眶說。

背景相差太遠的戀情，要維繫真的不容易。因為疫情，二人很難見面。最近，大家的感情也淡了，女孩也感受到男孩的些微變化。這種情況下，女性通常會想要更多，想努力回到當初的狀態。但男孩子比較不敏感，往往女孩迫得越緊，便越想退縮。

她說：「這首歌讓我記起，他其實是個渴望身體接觸的人。所以我才會覺得是不是夢在說他……」

為免她過度聯想，把不好的訊息植入潛意識，我立刻說：「其實你自己也是個渴望身體親熱的女生吧？」

她臉上泛出些微的紅暈，低頭輕輕點了點頭。

「潛意識跟你說，你是個渴望親熱的人。所以你現在和男友之間的問題，是因為你潛意識在抗拒他，把他推開了吧。」我說。

冷戰之前，二人已很久沒有親熱了，連親吻也沒有。原因是疫情下，男孩每天都要接受不同的家教，男孩子都喜歡玩，這變成一種另類的囚籠。我覺得，男孩已經被這種討厭又沉悶的生活，磨滅了很多的自己，他不斷強迫自己服從長輩的命令，因為他是家族的支柱。他不得不從，不能也不會為了女孩而不從。

「這和愛不愛你無關，我相信他是愛你的。但這和他的命運比較有關，因為他自小便被如此洗腦及教育。」我說。

女生的男友，快到外國讀書了。他們之間，將面臨更重大的分離。男生的父母管教很嚴，幾乎二十四小時監視着，他們平時連見上一面都難，更何況分隔異地？他們現在的冷戰，其實不過是潛意識替他們在傷心分離前的預演。有時生命很諷刺，為了讓你之後承受得了重創，所以現在先出現一定程度的傷心，那麼，之後才不會那麼的傷人。

我忽然覺得，他們二人，心裏其實是深愛着對方的吧。因為愛着，所以才會出現不想讓對方太傷心的冷戰。我見過很多的伴侶，其中一方說劈腿便劈腿，另一方知道時晴天霹靂，因為劈腿的一方，根本沒有顧及和理會過伴侶的感受，所以潛意識也不會有任何預演和怕對方受傷的準備。又或許，一開始時還是有的，只是另一方不願意去承認和接受。

夢中的歌，是在跟女生說，這，才是你最想要的東西。而這，也是男生想要的東西。我心中不禁暗暗歎息。硬生生把兩個相愛的人分開，竟然是因為大家在地理距離下無法親熱。年輕男女性慾都很強烈，渴望探索肉體上不同的感官感受，除非聖人，否則的確不是一件容易忍耐的事。有時所謂的背叛與出軌，其實很生物性。很多人以為理性守住了，即使相隔多遠也能忍耐，有愛便行。

但歲月會流逝，情感會流逝，但需要會更強烈。除非女孩與男孩能夠解決這個問題，否則多麼的相愛，結果也可能會變成苦難。

人，真的能抵受多少誘惑與慾望？

那時候，內疚、責備、痛苦、憎恨、怨懟，通通都會出現，然後，兩個本來相愛的人，都敗給了慾望。為甚麼要責怪慾望呢？為甚麼要責怪一個肚子餓了想吃飯的人呢？

她哭着，覺得我的話很殘忍。她哭着說：「但我們明明很愛對方，為甚麼上天要硬生生迫我們分開？」

我說：「上天沒有讓你們分開啊，上天是讓你們兩個人在一起啊。你們原本就是擁有不同的人生道路，這一點，你一直都很清楚。」

女孩的出身很平凡，男孩的家庭背景顯赫，從小便被照顧得像個小王子一樣，家人一早便安排他到外國留學進修，這是女孩一開始便知道的事。

「可不可以，不要再分手了？」女孩號哭。

我忽地感到一陣心酸。

在一起很容易，開心很容易，但分手時，人卻像被掏空了一樣。女孩子，都渴望能夠擁有一個終生相伴的伴侶。然而，又有多少人，真的能夠相伴到老，同偕白首？

她問我：「我再堅持一下，忍耐一下，就行了，是嗎？只要我們深愛着對方，就可以不分手了，是吧？」

我內心浮現着一個疑問：這樣的你，會快樂嗎？哪天，倘若他忍不住了，倘若你忍不住了呢？到時候，大家由多麼的珍惜，變成憎恨，值得嗎？

堅持，有用嗎？

有時面對着這些生命的無奈，我也沒有一個真正的答案。

死後的世界

有沒有想過，死後的世界是怎樣的？人會變成鬼魂，還是會被牛頭馬面帶走？抑或，像許許多多瀕死經驗的故事所說，會穿越一條發光的隧道，然後遇上某個發光的故人，跟你說「回去吧，你未是時候來這裏」？

她說她夢見自己和朋友去滑雪時死了，滑雪板是她操控的，但她根本不懂。結果一行十多人，有五六人因而身亡。

關於死亡的夢，我遇過不少，關於撞鬼的夢，其實也不少見；然而，關於死後化成鬼的夢，我還是第一次遇見。

有次有位女孩前來，她興奮地告訴我做了一個「很無聊的夢」。

每次解夢，我都會先問問做夢者，發夢那天的日期。因為在經驗中，有些特別日子在人們的心中總有些特別的意義，而夢境很有機會和這些日子有關。例如有位個案她做夢，有一位男子站在一個大得不可思議的月亮前，月亮那半圓的直徑橫在整條水平線上。這個男子背着她，她覺得很熟悉卻又不知道是誰。然後，在某年中秋八月十五，她和某位男子相戀，而一年之後的八月十五，他們分開了。她說：「那月亮，就好像業力一樣。」這種巧合，像是天意，也像是業力，總之潛意識就是如此奇妙。

這個女孩，做夢的那天是新一年的開始，一月一日。

這段時間，她對人生產生濃厚的興趣，對於生命的意義、存在的意義很好奇，看很多書、看很多影片、收集不同的資訊，見我這種不太正常的心理治療師，做催眠、探索自己的潛能和人生方向，還有解夢。

我總是很喜歡這些好學的孩子，他們也許心中有些創傷，然而散發出的光芒卻是特別明亮的。有很多人，連自己是怎樣也不願意去知道，總是逃避；但他們，卻總是孜孜不倦地逐步成長和領悟。

她在一月一日做的這個夢，其實很可愛。

夢中她和一班朋友在考試前去滑雪，大家坐在一塊滑雪板上，她坐在最前，因此大家要她控制滑板，但她其實根本不懂，又沒意識到危險，結果在越過一個山坡時「翻車」了，十多人中有五六人身亡。她看見有工作人員在她的衣服上刻下記號，才知道自己死了。

突然變成鬼，她說：「我反應不來。」然後，工作人員竟然為不同的死者評分，有些人-4分，有些人-8分，她最差，-59分。

她心想：「我死啦，這是我人生的污點！我從未試過這麼低分！」（她的確是個品學兼優的學生來的）

她又想：「但我已死，成績不再重要。」

她走來走去，心想要不要去捉弄人。她見到一個光頭的人和一隻狗、一隻貓，他看不見她，但狗和貓看得見。

她想：「我想戳一下他的光頭，但又覺得這樣很壞。」

以上的場景聽來有點恐怖，但其實做夢者一點也不覺得，也沒有血腥的場面。個案在生活中很多時候都面對「評分」，工作上的同事總是給人評分，從小到大的考試機制和校園生活，都是在評分。高分就是好，不及格就是污點。

然而夢告訴她，那不過是人們在現實世界建立的一套制度，而人們真正以自己的靈魂活着時，才擁有真正的自由。

就像夢中的她，從小到大都被做得「好不好」束縛着，成為了鬼魂之後，反而會想捉弄一下別人。她對生命其實充滿好奇，若能跳出框框，做真正的自己，反而會自由、可愛得多。

夢中神靈的療癒

她呆若木雞，整個人都僵住了，就像電腦畫面突然當機，一切靜止下來，明明想動卻動不了。良久，她才開始有一點意識回來，但腦袋完全無法運作，想哭也哭不出來，甚至乎覺得「沒甚麼」，只是有一個人在生命中消失了而已，自己一直都很獨立，「沒甚麼」的。然後，她嘗試繼續工作，卻始終無法集中精神，甚至乎，整個人和腦袋都像過熱的電腦，慢到幾乎運作不到。

不久，她才開始覺得有點不對勁，坐了兩個小時，甚麼也沒有做。她不斷叫自己接受，但卻發現眼淚開始流。由嘲笑自己哭甚麼，到變成一種號哭。

回到家，她看着神靈的畫像，哭得撕心裂肺，甚至乎對神靈歇斯底里地控訴，說為甚麼要她這麼痛苦，為甚麼要丟下她一個人，為甚麼她那麼的努力，還是要奪走她所愛的人。

她的哭聲，也許傳到神靈的耳中了吧？

當晚，她滿臉淚痕地睡着，做了一個夢。

有人在唱歌，唱着世界的苦難，唱着人們大大小小的苦痛，唱着的人，像是一位薩滿，又像是一個代神靈唱出人類痛苦的使者。唱着、唱着，彷彿也代她唱出內心的痛苦，她流着淚，卻是一種被理解的認同。彷彿四周其他的神靈也聽見了，傾聽着這些痛苦。歌聲中，藏着一份深邃而廣闊無邊的愛，四周的神靈無法忽視。其中有一位神靈，彷彿知道了女子的痛，他在污穢的沼澤中，很髒、很臭、很多疾病，有一個滿臉長滿膿瘡的人，呈現出那些最卑微及被拒絕、嫌棄的人們，彷彿就是代表了這神靈所掌管的苦難。

疾病、痛苦、卑微、遺棄、病毒等等……這個神靈彷彿感受到女子內心那種被遺棄的苦痛，他有一份憐憫和感動。他以瘦削的老人形象呈現，說：「讓我來保佑你們吧。」然後，一股力量進入女子的身體，由胃部流進女子的心，那一刻，她感受到一份神靈的溫暖，填滿了她內心那失落的空洞。這份感覺瞬間治癒了她內心的劇痛，這神靈的庇佑讓她大哭，卻是感動的、有力量眷顧的強烈感動。同時，她感受到力量也傳到了已離開的那人心裏。

離開的人，原來也極心痛。

漸漸，她的眼淚平息了，夢中卻聽見老人在大自然的星空下唱着：

苦難，是奇妙的存在；
卑微的人能成為成功的人，
疾病會出現奇蹟，
貧窮會變得富裕，
痛苦會轉化成力量。
有些人相遇了又分開，
然後各自活着，各自成長，
到某些時候

又重遇，
因為這時他們才有一起到老的質素。
像大自然，清風會吹走濃霧，
痛苦終會見到陽光。
唯有耐心等待，
生命總有曙光。

第六章

預知夢

CHAPTER 6

可怕的預知夢

她說：「昨夜我家樓上有人跳樓。」

訊息群組內的同學一陣嘩然，一種特別的感覺瀰漫着整個聊天室。前一陣子，她才說做夢有人在樓上跳樓。

這是一個學習解夢的學生群組，這位同學A的預知夢總是特別多及明顯。七月一日銅鑼灣的傷警案，她就發了一個頗有特別關係的夢。

這次她的夢更是一種很不尋常的狀態，群組中的同學B問往生者姓名，會於佛堂幫他寫一個牌位及安排法會。同學A把相關新聞連結發出來。她做夢的時候，夢境最後有人說了一句話：「要好好處理，不要讓他的魂魄停留在這空間。」

大家聽罷，總覺得潛意識在冥冥中自有一種特別的提示。我們並不知道同學B的佛堂背景，同學A也不過是想在一個感到安心和被支持的群組中分享。她表示事發時是清晨，她母親及妹妹都聽到一聲巨響，而她卻甚麼聲音都聽不到，熟睡到不行。彷彿是潛意識的一種保護，讓她安心及避過更多的傷害。

因為當事人的軀體，就墮在她房間對出的地面上。從她的房間是看不到的，但始終感覺令人不安。事發時沒有覺知，她就少了一份親歷其境的傷害。

這事說來帶點玄妙的成份。她之前做過一個頗誇張的殺人夢，有鬼魂想傷害她，但又表示她是好人，所以放過了她。的確，這位同學心地善良，勤奮好學，幫助別人時也是用心真誠的。在這一年期間，她身邊就圍繞着不少和性命有關的人為意外，然而她只是一位在旁覺知到這些不可思議場景發生的人。

對於夢中這些來自潛意識的訊息及提示，我們其實所知很少。然而，種種難以用科學去解釋的巧合，卻在我們學習解夢的同學群組中，不時發生。接觸夢、嘗試去解夢之後，對生命的看法隨即進入了另一個維度，然而卻又是腳踏實地，活在這個現實世界之中。雖然被夢的強大力量所震撼，卻沒有被那無知的虛榮沖昏頭腦。因為真正的解夢，就是活着去感受，真真切切地去感覺、覺察和認識，然後將學懂了的東西，活用在這個現實世界的自己之中。

因此，同學們對人生的態度、對別人的關心、對生命的看法，都既踏實又善良。在一個迷失的年代，人們總活在自我的謊言與人們臉上的面具之中，所謂的成長和學習，很多時只是一種表面功夫。然而內心深處，卻總有一種若有所失與不知所措，因為不知道自己真正想要甚麼，所以做着的東西，似乎都只是在尋找而不是在前進。

無論生命之中有多少我們意想不到的事情，至少夢告訴我們，做一個善良的人，原來真的有好報的。

別亂動，不然會死的

就像人生中突然而至的無妄之災一樣，當那塊鐵牌插進她喉嚨的時候，她連鐵牌是怎樣出現的也覺知不到，就像被武功高強的人用暗器暗算，瞬間就插進了她的喉嚨。

沒有血，只覺得痛。

一種不尋常的冷靜。她緩緩地把鐵牌從喉嚨中取出。那是一塊很薄的、心形的鐵牌，上面刻有文字，但卻看不清，就像情侶掛在脖子上的訂情信物。她直覺覺得上面刻的，是她和情人的名字。

鐵牌插得頗深，但慶幸沒有傷到喉骨，只傷到皮肉。取出鐵牌後，喉嚨彷彿沒有受到重傷似的，肉便即黏合起來。就像被鋒利的刀片劃過的手指頭，有傷口，也許傷口還很深，但你知道很快便會癒合。但摸着仍會痛，仍能感覺到裏面尚未痊癒。

她摸了摸喉嚨，很痛。

她心想：「我還是不要動才好，傷口要好好癒合，那麼才沒性命危險。不然一旦亂動，肉就會移位，可能受重傷，即使癒合也就可能無法像以前一樣了。」

然而。鐵片插得這麼深，怎麼沒有傷到喉骨？

傷口仍痛，她心想：「我是在做夢嗎？」

她隱約像醒了過來，在黑暗中摸了摸喉嚨，喉骨完整。她隱約記得，那鐵片的深度應該已經插過喉骨才是。

「會死的啊。」她想。

但那鐵片剛才，明明沒有碰到喉骨。那麼大的一塊，插進去也只有肉，而且清晰地感覺到鐵片取出來沒甚麼難度，肉很快就黏上了。怎麼喉骨，會在皮下那麼深的地方？

不過，還是很痛。醒來了，仍是很痛。

有沒有做過一些夢，夢中的痛、夢中的傷、夢中的恐懼、夢中的氣味、夢中的感覺，醒來了，仍然在身體上、心理上，清晰地感受得到？

有沒有想過，潛意識，為何要用這麼強烈的感官知覺的方式，向你傳達訊息？

失蹤

十天之後，她向兒子抱怨被忽略，剛移民外國的兒子突然徹底失蹤。她很痛苦，她不知所措，她號啕大哭，無論怎樣也得不到回應和任何消息。她打算找兒子的朋友、打算給兒子寫千字文，想了很多方法去令兒子現身。

我說：「我建議你甚麼都不要做。」

她哭着，感到極焦慮：「我甚麼都不做，他以後不回來怎辦？」

我說：「這段感情還未死，但你亂動的話，便可能會死掉。」

我說：「你嘗試回想，去感覺一下那鐵牌，為何它會插進你的喉嚨？」

我協助她重新回到夢中，她閉着眼說：「它想告訴我一些訊息。就像武俠片中插在牆上、縛着信紙的箭。它不是想傷害我。」

我問：「那它為甚麼要插進你的喉嚨？」

她閉着眼說：「因為它想透過這個位置，告訴我很重要的東西。」

「那是甚麼？」我問。

「因為這裏（她摸了摸喉嚨）受傷了，就不能說話。它叫我不要說話。」她說。

一個多月後，她告訴我，兒子回來了。

原來失蹤的那天，兒子的手機掉進湖裏了。他居住在偏僻的小鎮中，因為疫情，那些地方根本無法買到手機，而除了手機，他根本沒有任何能上網的機器。最重要的是，他覺得他的母親實在太煩了，想藉這段時間，自己清靜一下。最重要的是，其實兒子半個月前已買了新手機，但因為見到母親瘋狂的訊息，被嚇怕了，更覺得想迴避，不想回覆。

年輕的孩子就是任性，就是不顧父母的焦急和感受。然而，年輕的孩子，並不是甚麼都不懂的，有時多給他們一些空間和信任，反而會更好。

就像夢告訴了這位母親不要過度反應，靜靜地等待消息便行。如果她這樣做，也許兒子早半個月就出現了。當然，無論夢怎樣說，作為母親的，要完全不理而默默等待失蹤的兒子回來，也真的極難吧。

夢中預見的一生

他是一個天才，自中學以後，額頭就像長年貼着一棵四葉草一樣，人生總是帶點僥倖。他說，二十來歲時曾做過一個夢，夢中看見一個英文字「Fluke」，他之前從來沒有見過這個英文字，發了夢後才知道，原來這是廣東話中的「扶碌」，即「成功是靠僥倖的」。這個突然在夢中冒現的英文單字，令他印象極為深刻，匆匆數十載後，回頭看不禁噴笑，因為他的一生，用「扶碌」二字來形容，份外貼切。

你也有做過一些印象特別深刻的夢嗎？那夢，某天回頭看，竟彷彿是你人生的縮影？

榮格曾在其自傳中提及過一個夢，而這夢是其一生的寫照：

一所陌生兩層樓房，是「我的家」。我發現自己走到二樓，這裏有點像客廳，有精緻的洛可可風格老式家具；牆上懸掛着古老的珍貴名畫。我奇怪這裏竟是我的家，心裏想：「真不錯。」但我隨即想起，我並不知道一樓是甚麼樣子。於是我沿着樓梯走到了一樓，東西更加古老，我知道房子的這一部分一定可以追溯到十五或十六世紀。這裏的陳設是中世紀的，地板用紅磚鋪成，相當陰暗，我走到另一間，心裏想：「唔，我得好好研究一下整座屋子。」

我走到一道厚重的門前，用力推開它。在門那邊有道通到地下室的石砌階梯。我走下去，發現自己身在一個有拱頂的美麗房間內，這房間，我發現也很古老。仔細察看四壁後，我發現在普通的大石塊上砌有一層層的磚，灰漿裏也有磚頭的碎塊。一看到這個，我知道這座牆壁可以追溯到羅馬時代。至此，我興趣高昂，更仔細地觀察起地板來，地板是用石片鋪成的，我在其中發現一個環。我拉動這個環，石片抬了起來，我再次看到一道窄窄的石級通往地下深處。

我走了下去，最後走進一個從岩石裏鑿成的低矮洞穴。石洞的地面上蓋有一層厚厚的灰土，灰土中散佈着一些骨頭和陶片，像是一種原始文化的遺物。我找到了兩個人的頭蓋骨，年代久遠，快要裂成碎塊了。這時，我醒了過來。

——摘錄自《榮格自傳——回憶・夢・省思》

榮格表示，夢中二樓的大廳象徵意識，有人居住。一樓是潛意識的第一層，越深入，景象變得越生疏及黑暗，代表了他逐步深入及認識潛意識的不同層面，有一種神秘、古老而又引人入勝的感覺，當中包含了不同時代歷史的元素及不同階段。在地底是一個隱藏的、通往地下深處的岩穴，有原始人的遺物，還有兩個人類的頭蓋骨，也象徵着人的潛意識與人類原始精神的關係。

其後榮格亦做了一個特別重要的夢：

> 他在一個現代化的城市中，時值正午的下班時刻，忽然看見一個古代的十字軍向他走來。然而四周走動着的人們卻好像沒有人看得見他，沒有人轉頭看看他或在後面盯着他，他彷彿隱形似的。除了榮格一人，誰也無法看得見這個軍人。

榮格自問，這鬼魂到底意味着甚麼？然後彷彿有人回答（但沒有人在場）：「不錯，這是一個準時出現的鬼魂。這個騎士總是在十二點和一點之間經過這裏，長期以來，我想是好幾個世紀了吧，一直這樣，大家也就習以為常了。」

榮格覺得，在深層的意義中，他的世界就是一種與靈學及神秘學密不可分的特殊關係。因為只有他一個人，留意得到這個靈魂。只有他一個人，聽得到那奇異的聲音。

正如榮格所言：「我的生命一直尋找着某種不得而知的東西，它很可能為平庸的生活帶來意義。」

我的夢

記得我在學習記夢的初期，那時是二〇一四年，我也不明白為何會開始記夢，但就像是「心血來潮」似的，總覺得有一種神秘的呼喚，自內心深處忽然而至。從那天開始，我多年來只要有夢，總是會把它們記下來。這些記錄，看似無甚作用，夢境也彷彿平平無奇，但遺忘多年後，某天重新回顧，方發現，原來我那一個階段的人生，早在夢境中展現出來。

這是開始記夢的第二天，所記下來的夢：

我夢見自己在一個封閉的室內，裏面甚麼都沒有，黑漆漆的卻有教堂的感覺，我抬頭往上看，這裏有教堂的高度，但沒有教堂的玻璃窗彩繪。一格格的窗外有一個超級大的氫氣球。這裏的窗都無法打開，我製造一個窗跳出外面世界，外面是廣闊的荒地。我跳在氫氣球上，它竟是有生命的，帶我飛走，還有許許多多氫氣球，我一個一個在上面跳，它們都玩得很開心，直至飛到一個美麗的綠色地帶。

同夜，另一個夢：

在海中心，我製造了一個強大的龍捲風，正想摧毀周邊的房子試試威力，但想起要愛護這個地方，因此把龍捲風消散，在海上行走又潛入海底，但總覺得還有很大的力量尚未發揮出來，還能做些很好玩的東西。

多年後回看，這兩個夢恰好也是我這段人生的寫照。從小我就是一個自我封閉的人，內裏空空的，甚麼都沒有，但卻總是有一種被神聖力量照顧着的感覺，我渴望擁有色彩繽紛的氣息，因此總是被那些彩繪吸引。窗外的超級氫氣球，彷彿就是帶領我離開某個囚禁着自我的地方的呼喚。這死物卻是有生命的，有靈性的，就如我對「萬物皆有靈」的感悟。

另一個夢，是我初接觸到潛意識時的真實感受，我知道這種力量極為強大，能夠摧毀萬物，但內心的良知卻不容許我過度自大，為了一己之快而塗炭生靈。在海上行走又潛入海底，就像在意識及潛意識之間遊走自如，這也是我做心理治療工作的寫照。

然而，我並不滿足於只是在海上海下遊走，總覺得「還能做些很好玩的東西」，因此不斷往新的潛意識世界去探索，總是在做不同的嘗試。然而，初衷不曾改變，就是不能為了一己之快而令他人受傷。也許因為如此，所以我很抗拒教催眠。即使，催眠是我最常用也用得最順利的一種心理治療工具。

催眠的力量很強大，但水能載舟，亦能覆舟。我教得出一些知識和技巧，卻教不出一個人的本質。有很多人本性善良，然而生命中的創傷或經歷，令他們蒙蔽了眼睛，他們以為在幫助別人療癒，其實卻不自覺地扭曲了一個人的潛意識。

也許如此，夢就成為了我主要讓人們理解潛意識的渠道。因為夢，是潛意識自動生成的意象，只要順着它的意思去解夢，就像庖丁解牛一樣，生命中許許多多的障礙，甚至創傷，都能迎刃而解。

這也是夢的強大力量。

因此，我所教導的解夢法，我稱之為「Flow association」，中文為「心流聯想法」。這是我多年來無意識地使用的技術，整個過程，是隨心的流動能量去作出聯想及解夢，而非佛洛伊德的自由聯想（Free association）。這種解夢方法的好處，是不用扭曲夢境的內容，而達到潛意識的轉化。既安全，又有效，而且具針對性。這也是隨着生命之流而行之「道」。

正所謂「道法自然」，心理治療、生命的流動，也如是。

彷彿餘生夢一場

我記起多年前總是做着的一個夢。

我總是夢到另一個我被鎖在一個極隱秘的密室中，這密室不存在於我們已知的世界。那裏也像是個囚室，我從第三身角度去看，密室中的我，和這個我不一樣，卻仍是我的一部分。我們連結着，但她的力量被「封印」了，手腳都被鐵鏈扣住，無法施展開來。她身上散發着強大的力量，教我感到害怕，四周的空氣也在顫抖。即使，她明明是我的一部分。而為何她被封印着？就像醒來後遺忘的夢境一樣，我明明知道、明明經歷過，卻怎樣努力都記不起來。

啊，還有，那是她把自己封印起來的。

在身心靈的朋友圈中，我常被大家笑稱為「古墓派」，原因是我長年渴望隱居，不主動找甚麼人，對追求成功覺得沒必要，對交際應酬覺得很麻煩，對名利權色沒甚麼興趣。即使出現疫情、社運，世界大亂，我仍然相對能夠安住在自己小小的、簡單而忙碌的世界之中。也許是潛意識的「slip of tongue」，已很多年了，我常常稱自己為「洞窟少女」（明明已人到中年），因為內裏總是有種隱世的渴望，對凡塵俗世有種不明所以的疲倦感。

我記得前幾年去不丹為香港祈福時，導遊問我旅程中有甚麼特別想做的？我說我沒特別的地方想去，只想找個山洞住上三五七天，他們覺得我奇怪極了，我說：「不是有很多人去不丹都會作出這樣的要求麼？」他們是資深導遊，聽見不禁嗔笑，說：「沒有，你是第一個。」

結果很努力下，他們找了蓮花生大士住過的一個山洞，山洞外是萬丈懸崖，景色美得像一幅不真實的山水畫，讓我在那裏做了一小時獨自的靜心。

記得那時候的我，覺得：「啊！在這裏真舒服啊！」

也不知是前生的記憶、小時候看得太多武俠小說的影響，還是許許多多創傷及與生俱來的性格塑造使然，也許是加起來種種的化學作用，我在潛意識中，就產生了一個自我封印的人格部分。而且還要是一個別人最好找不到的隱密之所。

隨着進入輔導及心理治療的專業，也隨着創傷治癒、了解自己及成長轉化，這個夢的意象也日漸變化。

很多人以為夢境就是這樣了，不斷重複，考試、迷路、被追趕、找不到廁所、坐車坐船坐飛機、甩牙或夢見裸體也好，其實只是因為該覺察的尚未覺察到，該轉化的尚未轉化完成。

當創傷療癒了、轉化了，夢境的意象也會隨之而作出變化。記得數年前，這密室中自己的夢及意象，那個我已不再像一開始時那麼痛苦與沉鬱，夢中的她手腳上的鐐銬已開始消失，偶爾我能和她對話。同時期，我在心理治療上的潛能也像被逐漸釋放出來般，有種「開竅」的感覺。彷彿能感受到個案們更深入的潛意識部分，也能覺察出更細緻的情感。洞察力與分析力也開始有所提升，而隨着經驗的累積、不斷的自我審視與進步，逐漸發展出自己的治療風格。

我深深感受到，原來夢境除了呈現出個人內在不為人知的部分外，也會隨着個人的成長而變化。因此，一個人若能不停地記錄自己的夢境，對於了解自身的成長來說，是一個很好的啟示。

在近期的夢中，她已經行動自如。她仍然活在另一個空間，每次夢見她時，她仍然待在一個密室之中。模樣與裝扮也完全不一樣，比較像我現在的模樣，卻又總是有種無法言喻的距離感。身上穿着乾淨舒適的衣服，明明很有能力，卻還是選擇待在鐵欄之內的世界。上一次夢見她，她仍然住在被鐵欄封住的、像密室般的古老洞穴之中。

最近的那個夢是這樣的：

「她」的樣子和我一模一樣，靈魂卻更古老，活了許多許多個年頭，比我更多了一種深邃的智慧，渾身散發着一種神秘的感覺，總是帶着一丁點憂鬱。她坐在一個比她更古老的洞穴之中，牆是凹凸不平的泥土，泥紅的顏色。這裏似乎是一個密室，沒有燈，卻很亮。她獨自坐着，我隔着鐵欄在欄外看着她，覺得欄內欄外是兩個截然不同的世界。欄內的世界，擁有許多我彷彿被壓抑與遺忘了的訊息與智慧，她都知道，而且好像那裏某些地方，還有其他人。那種感覺，有點像電影《尚氣》中的世外桃源。但我卻沒有見到任何人。

她手中握着兩個綠色的、清透的玉杯，杯中有些瓊漿，彷彿是天賜之物。我前來是因為心中受了重大的創傷，很想她能給我這些瓊漿以助療癒。我雙眼發出懇切的請求，她拿着玉杯，卻沒正眼望過我一眼，似在自言自語又似在跟我說：「啊，將來不知會否有人這樣跟你説呢？彷彿餘生……夢一場。」

像是在告訴我，我的餘生，就像夢一場。

她有沒有給我瓊漿？我不知道，這時正值半夜，我家的貓兒月餅不知為何作聲嘔吐，把我驚醒了。

是保護還是囚牢？

我在網上看到一句這樣的說話：「Make sure the wall you build to protect yourself do not become a prison.」（確保你為自己所建立的保護牆不會變成一個囚牢）人總是害怕受傷，痛了，便逃跑（avoidance）、退縮（withdrawal）、自我封閉（self-isolation），這些本來是一種心理上的自我保護機制，但時日久了，或每次受傷都習慣封鎖自己，逐漸這幅保護的牆，竟變成日漸困住自己的囚牢。

我遇見過很多很有能力及潛能的朋友，他們也曾經和我一樣，活在自我封鎖的世界中，一個不自知的困局，以為無能為力，以為自己平平無奇，但原來一切都只是自我設下的限制。很多人都渴望像童話故事中的女主角，王子會騎着白馬來營救自己；又或《西遊記》中的紫霞仙子，心中的英雄會踏着七色彩雲來迎娶我。

然而，更多更多的人生，都是「猜中開頭，猜不中結局。」其實錯不在那些美麗而不真實的幻想，而在「等人救」。

在我認識的不同生命中，無論男男女女、年紀老嫩，能夠從痛苦中轉化到擁有更幸福美好的人生的，通通都是要「自己救自己」，而我不過是個在旁吶喊助威的人，又或一份「人生打機攻略」，幫助他們打怪、打boss、補充裝備及療癒，卻從來不能代他們去玩這個遊戲、走這趟旅程。每個人都有屬於自己的「英雄之旅」，人生就像勇者鬥惡龍一樣，路都是自己打出來的。

成長，必須面對不同種類的挑戰與引誘。

世間沒有多少個神話故事，裏面的主角能一蹴即就。

而我自己何嘗也不是一樣？夢中欄內欄外的我，不也是一個智慧的自己與平凡的自己的對照麼？我常常說我也不過是個凡人，也有七情六慾，也有生命起伏，也有固執與愚昧的時候，也有迷惘與沮喪的日子，也有渴望被愛與被拯救的一份懦弱，同時，也有知道只有自己救自己才是一份真正救贖的智慧。

就像欄內那智者般的我，說着些玄妙的話，卻沒有正眼看過欄外的我一眼。彷彿像在告訴我，人生如夢，餘生還有那麼多的經歷，與其渴望被拯救，不如去覺察那些都不過是一場夢就好。

如《金剛經》所言：「一切有為法，如夢幻泡影，如露亦如電，應作如是觀。」人們痛苦，是因為品嚐過的甜美與快樂，像泡沫一樣破了。然而痛苦，其實也是轉瞬即逝，只要放下執念，那痛苦也過了一段時間，在人生匆匆中如閃電劃過長空。那麼，又何必瓊漿玉露，又何須別人拯救？

書名
你不知道的，夢都知道

作者
安靜

責任編輯
寧礎鋒

書籍設計
姚國豪

出版
P.PLUS LIMITED
香港北角英皇道四九九號北角工業大廈二十樓
20/F., North Point Industrial Building,
499 King's Road, North Point, Hong Kong

香港發行
香港聯合書刊物流有限公司
香港新界荃灣德士古道二二〇至二四八號十六樓

印刷
美雅印刷製本有限公司
香港九龍觀塘榮業街六號四樓A室

版次
二〇二一年十一月香港第一版第一次印刷

規格
三十二開（125mm × 180 mm）二〇〇面

國際書號
ISBN 978-962-04-4899-7